最高の自分をつくる
101の英知

The Greatness Guide

3週間続ければ一生が変わる 2

ロビン・シャーマ

北澤和彦＝訳

THE GREATNESS GUIDE

Japanese translation rights arranged with
HarperCollins Publishers Ltd., Canada
through Timo Associates, Inc., Tokyo

1 まえがきに代えて

きょうを、あなたの新しい人生の初日にしてください

わたしはあなたが輝くお手伝いをしたいだけです。偉大さに到達するのを助ける役割をはたしたい、ということだけが気になります。職場で最高の状態になる役に立ちたい。家庭でしあわせを見つける役に立ちたい。成功する役に立ちたい。

わたしの報酬は？　そうですね、あなたが最上の人生を送れるお手伝いをしているとき、わたしは有意義な気分が味わえます。世の中に影響をおよぼしていると感じることができます。わたしは役に立っている、と。むだに地球を歩いているのではない、と。わたしはそういうところにしあわせを感じるのです。心から。

けさ、シャワーを浴びながら考えたことがあります。わたしの最善の実践はなんだろう？　ことばを換えれば、最良の自分でいるためにしている最良のこと――実行しているものと可能性があるもの――はなんだろう？　以下のことを思いつきま

した。

- 週に五日は午前五時に起きて、週末にうたた寝します。
- 自己啓発と自省のために、いったん起きたら一時間の〝聖なる時間〟をもちます。
- 週に五回の本格的な運動。
- 週に一回、九十分間のマッサージ。
- 超一流のダイエット（でも、わたしは毎週一、二個はデザートを食べています。人生はあまり厳しすぎてはいけません。メニューに小麦粉を使っていないチョコレート・ケーキがあれば、それを注文します）。
- ほとんどの日、日誌をつける時間をつくっています。日誌をつけると自己認識が形成されます。日誌には日々の目標、計画も書きこみ、なにに感謝しているかを記録して、学んだ教訓とともに、新しいアイディアを書きこんで分析しています。
- 毎日、読書の時間をつくっています（『ハーヴァード・ビジネス・レヴュー』から、旅行雑誌、住宅雑誌、数々の良書まで）。
- 一日をとおしての確認、あるいはわたしが「成功のための意見表明」と呼んでいるものの実践――とくにシャワーを浴びながら。そうすることによって、重要な

ことを考えつづけていられます――そして、思考は行動の祖先なのです。正しい思考は正しい行動を推進します。

◈週ごとの企画会議。目標もそこで見直します。たいてい、日曜日の朝にやります。

◈情熱を高くたもち、大きなアイディアのなかに身をおくために、少なくとも毎週、興味ぶかい人物と会話をかわします。たったひとつの会話で、あなたの人生が変わるかもしれません。マネージメント・コンサルタントのジェームズ・コリンズは、『ビジネス2.0』のなかで、ある指導者からわずか三十秒で聞いたことで自分は一変した、と打ち明けています。

まだまだありますが、これらがわたしの最良の実践で、わたしから最高のものを引きだしてくれます。共感を呼んだものを選んでください。意見が合わないものは捨ててください。あなたの生き方に役立つものを見つけるのです。

そして、きょう、それらを実践しましょう。きょうという日があなたの新しい人生の初日になるかもしれません。すべて、あなた次第です。

目次

「振り回される生活」から自発的生活へ ▼▼▼ 習慣づくり

目　次

慢性的疲労感から「フレッシュな精神力」へ▼▼▼パワー充電

目次

目次

人生は純粋な冒険です。そのことに気づくのがはやければ、わたしたちはそれだけすみやかに人生を芸術としてあつかうことができます。

マヤ・アンジェロウ（アメリカの作家）

自分のなかでさまざまな方向に向かっているさまざまな衝動、自分というさまざまな人間のあいだにある緊張を、いつか解明できると思っていたものさ。でも、いまは、それが自分なんだってわかっている。自分の頭のなかにある歌に近づいている気がするな。わたしは神の恵みを探しもとめていなかった。でも、運がいいことに、神の恵みがわたしを探しもとめていたんだ。

ボノ（U2のリード・ボーカル、『ローリングストーン』誌より）

一日の贈り物 2〜9

マンネリの日々から「新しいきょう」へ

木を植えるいちばんいい時期は二十年前だった。だが、つぎにいい時期はいまである。

（中国人のことば）

自制の代償は、つねに後悔の痛みより小さい。

（ニド・クベイン／ビジネス・コンサルタント）

2

朝、自分に五つの質問をする

わたしは四十一歳です（本書の執筆時）。人生のハーフ・タイムを迎えたわけです。八十歳まで生きるとすれば（人生で予期できる唯一のことは予期せぬできごとであると学んでいるので、これはおおいなる仮定です）、中間地点にいることになります――わが人生と呼んでいる冒険のなかばをすぎたところに。

最近は、ますます達観するようになりました。時間をむだにしたいとは思いません。ネガティブな人たちの話を聞きたいとは思いません。誠実ですばらしいもうひとりの自分になる機会、自分の夢に近づく機会、心の底から楽しむ機会を失いたいとは思いません。わたしは死亡記事も読みはじめました。

他人が生きてきた人生について読むと、人生ではなにがいちばん大切なのかの手がかりが得られます。さまざまなりっぱな人生の死亡記事には、首尾一貫したテーマがあることに気づきました。家族。友情。コミュニティへの貢献。計算ずみのリスクを負う責任。ささやかな、わざとらしくない行為を通じての親切。そして、愛。
「弁護士、株式仲買人、会計士にかこまれ、彼は眠りながら穏やかに息をひきとりました」と書かれている死亡記事はまだ読んだことがありません。そうです、どのすばらしい死亡記事にも、最愛の人と仲がよかったことや、故人がまわりの世界に与えたインパクトについて書かれています。

一日の贈り物

申し分のない人生を送るためには、あなたを深く考えさせ、いちばん大切なことと結びつけてくれる質問をする必要があるでしょう。わたしがサクセス・コーチとして仕事をしてきた数多くの非凡な人たちのおもだった特徴のひとつは、ほとんどの人より思慮ぶかくなる鍛錬を積んでいることです。

ですから、深遠な質問をしてください。いい質問は、すばらしい答えとさらなる明快さにつながります。さらなる明快さは、正真正銘の成功と個人としての偉大さのDNAなのです。

あなたの人生においてなにがほんとうに重要であるかを深くきわめ、もっと考えるようになってもらいたい、五つの質問があります。

ほとんどの人は、死ぬときまでいかに生きるべきかがわかりません。でも、それでは遅すぎるのです。きょう、わが身にこの五つの質問をしてみてください。日誌に答えを書くのです。それについて話しましょう。それについて考えてみましょう。

きょうが人生最後の一日で、あなたは死の床についていると想像してみてください。そして、わが身に問うのです。

1 わたしはたっぷりと夢を見ただろうか?
2 わたしは十分に生きただろうか?
3 わたしは忘れ去ることを学んだだろうか?
4 わたしはしっかり愛しただろうか?
5 わたしは静かに地球を歩き、見つけたときよりいい状態にしてそこをあとにしただろうか?

たどりついた答えに助けられて、あなたがさらなる確実性、情熱、喜びとともに生きていけることを願っています。成功に先だつものは明快さです。はっきり見えなければ、的を射ることはできません。

考えてみると、わたしたちはそれほど長くこの世にいられるわけではないのです。

だれもが、あっという間にちりぢりになってしまいます。ですから、いま、可能性を生きてください。

中国人はうまい表現をしています。

「木を植えるいちばんいい時期は二十年前だった。だが、つぎにいい時期はいまである」

一日の贈り物

ポイント・メモ

3

スタートのための儀式をおこなう

きのう、職場へ向かっているとき、新しくて大きなメルセデス・ベンツのセダンのとなりに停車しました。運転している男性は窓を少しさげていたので、ステレオ装置からがんがん鳴り響いている音楽が聞こえました。クイーンの『ウィ・アー・ザ・チャンピオンズ』。

わたしたちが年に二回ひらいているリーダーシップ・サミットに参加していた、あるCEOを思いだしました。彼は大企業を経営しており、生活とともに自分の組織を向上させたがっていました。その彼が、大きなセールスに出かける前は、音量をいっぱいにあげてAC／DCのロック、『バック・イン・ブラック』を聴く、といっていました。興味ぶかい話です。

どんな習慣が、あなたを最高の状態にもっていってくれますか？　どんな儀式が、最良の臨戦態勢にしてくれますか？　どんな戦術があなたを奮《ふる》い立たせ、光り輝かせてくれますか？

わたしたちはだれでも、わたしが「成功体系」と呼んでいるものを週間スケジュールに組み入れて、確実に最高の状態をたもつ必要があります。

日々のなかにシステムを組みこんで、決定、指示、すばらしい結果の一貫性を確保する必要があるのです。

最良の企業は品質管理を確保するシステムをもっています。あなたもそうすべきでしょう。本気でシステムを構築すれば、あなたは本気で成功をめざしていることがわかります。

わたしにとって効果があったのは、多くの運動、力強い音楽、偉大な書物、インスピレーションを与えてくれる友人たちと毎週会うこと——たとえ電話でわずか十五分間でも——日誌の記入などです。もっとも大切なミーティング（と子どもたちとすごす時間）とおなじく、それらはわたしの週間スケジュールに組みこまれています。

一日の贈り物

成功はただ起こるわけではありません。それは日々、取り組むべきプロジェクトなのです。そこまで泳いでいく必要があります。それを実現する必要があるのです（と同時に、いったん最善をつくしたら、結果を待ちます）。

チェコスロバキアの元大統領で劇作家のヴァーツラフ・ハヴェルがかつていったように、

「洞察力だけでは十分ではない。それは冒険と結びつかなければならない。階段を見あげるだけでは十分ではない。われわれはその階段をのぼらなければならない」

のです。

きょう、自分自身をすみやかにスタートさせるために、あなたはなにをしますか？　偉大さに到達するのをあとまわしにしないでください。いまがそのときなのです。いまでないとしたら、いつですか？

ポイント・メモ

4

ささやかな一歩を踏みだす

将来に向けて大きく考えましょう。

あなたの日々は人生の縮図です。時間をすごすことで、年が積み重なります。日々をすごすことによって、人生がつくりだされます。きょうすることが、じっさいにあなたの未来を創造しているのです。

あなたの話すことば、考えること、食べるもの、とる行動が、あなたの運命をかたちづくっています。あなたがどんな人物になるか、あなたの人生がなにを意味するかを明確にしていくのです。小さな選択が、やがて大きな結果につながります。重要でない日など、一日たりともありません。

わたしたち一人ひとりが偉大になりえます。だれもが内なるすばらしい力を秘めています。みんな、まわりの世界に強烈なインパクトを与えることができます――

そうしたいと思えば。でも、内なるその力を育てるには、それを利用する必要があります。その力を発揮すればするほど、それはますます強力になるのです。

『森の生活（ウォールデン）』を書いたヘンリー・デイヴィッド・ソローは、その点についてうまく表現しています。

「意図的な努力によって人生を向上させる、人間の申し分のない能力。これほどはげみになる事実を、わたしは知らない」

そして、広告業界の権威であるドニー・ドイチェは、自著『Often Wrong, Never In Doubt（よくまちがえるが、けっして迷わない）』のなかで、その考えにもっと新しい解釈をくわえています。

「才能あるすべての人のなかで、きわめて高い場所にたどりつく百人にひとりは、〝わたしにだってできる〟といって、目標に向かって努力する人です」

わたしたちのなかで最優秀な人物は、ほかの人より才能に恵まれているというわけではありません。彼らはすばらしい人生に向かって前進しながら、日々ささやかな一歩を踏みだしているだけなのです。日々はやがて数週間になって、数週間は数カ月になり、彼らはいつの間にか非凡と呼ばれるところに到達しています。

5

小さく始め、長く続ける

あまりにも多くのリーダーシップの専門家が、成功して満たされていることを複雑なことのようにいっています。彼らは最新のテクニックを説いて、すみやかに最高の人生にたどりつかせてくれる最新の方法を提案します。魔法の薬をのむか、最新の流行を試せば、すべてうまくいきます――人生は完璧なものになるでしょう、と。

ばかばかしい。そう、たぐいまれな存在をつくりだすには、努力が必要なのです。もちろん、偉大さ――個人的・職業的――に到達するには犠牲を払わなければなりません。成熟の徴候は、将来のもっとすばらしい楽しみのために、この一瞬の喜びをあきらめられる能力です。

たしかに、するべき正しいことは、おおむね、するのがもっとも困難なことです。

でも、朗報があります。夢に向かって日々、不断の努力をして、成功するための基礎を適用すれば、いつも夢見ていた場所にたどりつけるかもしれません。

成功はけっしてセクシーなものではありません。情熱的な一貫性をもって、すばらしさの基礎に取り組むことがすべてです。わたしはそのことばが気に入っています。

一貫性。長いあいだなにかを続けるだけで、驚くほど遠くまで行けます。

ほとんどの人はあきらめるのがはやすぎるのです。信念より不安のほうが大きいのでしょう。心のなかで正しいと思っている基礎にこだわれば、あなたはきっとうまくやれます。では、そういった基礎とはなんでしょう？

ポジティブでいること、生活のなかでうまくいっていないことでも自分の役割に責任を負うこと、人を手厚くもてなすこと、勤勉に働くこと、追随者ではなくむしろ革新者《イノベーター》でいること、早起きすること、目標を設定すること、正直に話すこと、自制すること、お金を節約すること、健康に留意すること、家庭を重んじること、などです。

みなさんがそんなことは百も承知しているのはわかっています。

ナイキはわたしたちのクライアントです。そして、彼らはJDIをきちんと理解していました。「とにかく、やれ！《ジャスト・ドゥ・イット》」。『3週間続ければ一生が変わる』のなかで書いたように、「もっともささやかな行動のほうが、もっとも大胆な心がまえよりつねに望ましい」のです。

ものごとを複雑にしないでください。最高の人生にたどりつくのは、シンプルなことです。簡単ではありませんが、シンプルです。集中力と努力が必要なだけです。千里の道も一歩から、という哲学は嘘ではありません。ゴールをめざして毎日少しずつやれば、いずれそこにたどりつけるでしょう。日々、小さな積み重ねをすれば、一生では大きな結果が得られます。

一日の贈り物

将来に向けての大きな提案。個人的——そして組織的——な偉大さは、革命ではなく進化です。ささやかながら一貫した数々の勝利なのです。

ウォルマートを創業したサム・ウォルトンは、たった一軒の店から出発しました。ヴァージン・グループのリチャード・ブランソンは、最初は小さなレコード屋から始めました。スティーヴ・ジョブズはガレージで「アップル」を立ちあげました。

いいですか、わたしはキンコーズ・コピー・ショップでコピーした、二、三ケース分の自費出版した本から始めたのです。それに、わたしの最初のセミナーには、たった二十三人しか出席してくれませんでした——しかも、そのうちの二十一人は身内でした。どんな夢も小さく始まります。でも、始める必要があるのです。きょう。

6

「さあ、行くぞ」という気分で始める

Ｕ２は世界でもっともクール なロック・バンドのひとつです。でも、わたしはだから彼らが大好きなわけではありません。

そう、彼らの音楽は最高です。そう、彼らの歌はしばしば深遠です。そう、彼らのライブ・パフォーマンスはみごとです（疑うのでしたら、彼らのＤＶＤ『ゴー・ホーム――ライブ・フロム・スレイン・キャッスル』をぜひ見てください）。

でも、わたしがＵ２に心から惹かれるのは、どんなに偉大な存在になっても、彼らがゆらぐことなく向上に身をゆだねているからです。それは、彼らにとっては金銭ではありません。名声でもありません。雑誌の表紙をかざることでもありません。それはおもに、自分たちの基準として、勝利とはいいがたいものはいっさい受け入れない、ということです。

リード・ボーカルのボノは、

「それがU2にとっては大切なんだ。バンドはつねに、さあ、行くぞ、という気分でないとね。着いたぞ、じゃだめなんだ」

といっています。

申し分ないでしょう。

偉大なリーダー、一連の革新者、成功した起業家、とてつもなく創造性のある人たちは、魂の奥底に、生きているうちになにか特別なことをしたい、見たい、特別な存在になりたいという、絶えることのない強い願望をもっています。全員が、野心を抱いているのです。たしかに彼らの飽くなき渇望はどこか不健全で、そういった人たちは満足感に欠けている、という人もいるでしょう。

でも、そういった人たちのおかげでわれわれの世界は進歩し、そういった男女のおかげで、われわれの生活に価値を付加するりっぱなビジネスや組織がきずかれてきたのです。ものごとを簡単にできる天才的な発明を提供してくれる人びと。より健康で長生きするのを助けてくれる科学者たち。美しい芸術やすばらしい音楽を目のあたりにさせてくれる人間。

偉大さは、どんなにすばらしく見えても、けっして現状に満足しない人びとのもとにやってくるのです。

そうです、人は人生でしあわせを見つけなければなりません。そして、わたしたちはその旅を楽しむ必要があります。絶対に。わたしは行く先々でそのメッセージを説いています。生活のバランスは信じられないくらい大切なのです。

わたしがいいたいのは、あまりに多くの人が正反対の行動をとっている、ということです。なにかみごとなものを創造するという、生まれながらの本能をなおざりにしておきながら、しあわせ、内面のやすらぎ、バランスを追いかけています。人生というハイウェイのかたわらにいる、きのう車にはねられて死んだ動物さながらに。そうすることで、彼らはバランスをくずしてしまいました。そして、生きている大きな理由のひとつを経験しそこなったのです。創造し、輝き、偉大な存在になることを。

ですから、U2の基準を適応してください。毎日――しかも、最後の息をするまで毎日。さあ、行くぞ、という気分になりましょう――着いたぞ、ではだめです。やることすべてにおいて、勝利、輝き、超一流をめざして、必死に努力してください。

あなたは、後悔や自責の念がほとんどないまま人生という旅を終えた希少な人びとの仲間入りができるでしょう。人生から最良のものをしぼりだし、断固として最後まで演じきったことを喜べるはずです。だれもが熱望しているのになかなか手に入れられない、真の幸福感を感じることができるでしょう。で、どうなると思いますか？

あなたが天国の待合室に着いたとき――ボノに会えるかもしれません。

一日の贈り物

ポイント・メモ

7

きょうという舞台にあがり、とことんやる

『フォーチュン』誌で、グーグル社の人びとと彼らの経済的成功に関する記事を読んだばかりです。さまざまなアイディアが洪水のように湧いてきました（読書とはそういうものです）。仕事にきちんと取り組む――すぐれた才能を十二分に発揮して、全力をつくす――ことの重要さについて考えさせられました。

しなければならないことに関して、思いきり情熱的になるのです。大きなプロジェクトとまたとない機会に、全身全霊をかたむけてください。日々の糧《かて》を得るためになにをしていてもかまいません、ロック・スターになるのです。

仕事はわたしたちの生活に意味を与えてくれます。自尊心に影響して、この世の中におけるわたしたちの居場所を理解する方法に影響します。自分のしていることに精通するのは、あなたが働いている組織のためだけではありません。それは自分

自身への贈り物なのです。仕事でおおいに秀でることができれば、敬意と刺激が得られ、生活がはるかに面白くなります。

いい仕事をする人びとには、いいことが起こります。

最高の才能を駆使しながら仕事に深く専念すれば、あなたのしていることは、もっと豊かで、しあわせで、充実した人生経験をもたらしてくれます。

このうえなく実りの多い一日を終えたあと、あなたはどう感じますか？　全力をつくして、チームメイトと楽しい時間をすごし、取引先のためになおいっそうの努力をしたとき、どんな気分ですか？　生計を立てるためにしていることにもっと心をこめたら、どんな気持ちになりますか？　最高の目標をめざしてそれを手にしたとき、どう感じますか？　とてもいい気分ではありませんか？

最高の仕事をするのに、りっぱな肩書きは必要ありません。その点に関して、わたしはマーティン・ルーサー・キング・ジュニアのことばを思いだします。彼はわたしのヒーローのひとりで、かつてこういいました。

「ある人が街路清掃人と呼ばれているなら、ベートーベンが作曲するように、ミケランジェロが絵を描くように、シェイクスピアが詩作するように清掃すべきでしょう。だれもが立ちどまって、〝ここにはりっぱに仕事をこなしている街路清掃人がいるな〟というくらい、きれいに街路を清掃すべきなのです」

ですから、きょうの仕事をするにあたって、ロック・スターになってください。きょうという舞台にあがり、とことんやるのです。一世一代のパフォーマンスをしましょう。聴衆から喝采を浴びて、応援してもらうのです。製品を売る、ボノになってください。経理のキース・リチャーズになりましょう。人事部のジミ・ヘンドリックスになるのです。

あなたが有名になって、みんなからサインを求められるようになったら、わたしに手紙をください。楽しみに待っています。

ポイント・メモ

8 アスリートのように練習を積む

人生のもっとも重要な分野でめざましい結果をだす最良の方法のひとつは、日々の練習です。トップ・アスリートは、練習が偉大さに到達する方法であることを知っています。

しばらく前、わたしは一連の講演とワークショップの仕事でモスクワにいました。ある日の朝、運動をするためにホテルのジムへおりていきました。午前六時。そこにだれがいたと思いますか？　テニス界のスター、メアリー・ピアースです。二時間、彼女は走り、ウェイトを挙げ、腹筋運動をやり、数えきれないくらいの腕立て伏せをしていました。成功のための代償を払っていたのです。

偉大さに到達するには、練習する必要があります。アスリートはそのことをよくわかっています。なぜ、ほかのわたしたちには無縁に思えるのでしょう？　たしかに、練習には自制が必要です。でも、わたしの友人のニド・クベイン（ビジネス・コンサルタントで、やる気を起こさせる話し手）は、しばしばこういっています。

「自制の代償は、つねに後悔の痛みより小さい」

賢い男です。

わたしがいいたいのは、個人的・職業的な偉大さに到達するには努力しなければならない、ということです。犠牲や、献身と自制というかたちの代償を払わずに夢を実現できる、といっているわけではありません。

「代償を払う」

真実の響きがあることばです。わたしたちのなかで最高の人物は、いとも簡単そうにやってのけます。わたしはそれを「白鳥効果」と呼んでいます――ずばぬけた業績をあげる人は、個人的・職業的な偉業を苦もなく達成し、白鳥が水面をすべるように優雅にものごとをやっているように見えます。でも、白鳥とおなじで、**水面下でおこなわれている計画、自制、勤勉な労働、ほぼ完璧な実行は、すべて目に見えないのです。**

わたしは、すばらしい一日を迎えさせてくれる一連の練習をしています。それらをみなさんと分かちあっているのです。そう、人生はときとしてコースをはずれて

一日の贈り物

しまうような予期せぬ難題をつきつけてきます――人生とはそんなものです。

でも、練習をきちんと積んで、最高の状態をたもっていれば、たいていはポジティブな状態でいられます。これはシンプルながら人生を変えてしまうような考え方で、わたしたちの多くのクライアントの役に立ってきました。あなたを最高の状態にたもつ練習には、朝、日誌をつけることもふくまれます。感じたこと、考えたこと、感謝している祝福のことばを書きつけるのです。あるいは、力強い運動と、ずばぬけた業績をあげる人の食事で一日を始めてもいいかもしれません。

わたしはよく十五分間、音楽を聴きます。エネルギーを与えてくれるだけでなく、よりしあわせな気分になれます。心を集中するために、「成功のための意見表明」や確認も利用します。

成功、喜び、内面のやすらぎは、自然に姿をあらわしてはくれません。創造しなければならないのです。

あなたなりの練習を見つけて、つねにそれを実行しましょう。そのうえで、この美しい世の中へ足を踏みだし、輝いてください。

9

死ぬべき運命を思いおこす

わたしは墓地でいちばんの金持ちになりたいとは思いません。わたしにとって申し分のない人生とは、おおむね、愛する人たちにかこまれ、しあわせと健康をたもち（ところで、映画のなかをのぞけば、つねにしあわせな人はひとりもいません）、日々、最高の可能性へ向かって一歩を踏みだし、好きな仕事をやり、まわりの人びとに影響を与える、というところです。

では、日常生活のプレッシャーのなかで、どうすればもっとも大切なことに集中していられるのでしょう？

毎日、死んでください。

その点については著作のなかで書きましたが、英知に関することは繰り返してもかまわないでしょう。人生は短く、だれもそれがいつ終わるかわからないという事実を忘れないことは、最優先事項に集中していられるすばらしい習慣なのです。

毎朝起きて、「きょうが最後の一日だとしたら、わたしはどう取り組むだろう?」と自問することは、やすっぽいモチベーションを与える訓練ではありません。あなたの日々に刺激と責任をもたらす深遠な方法なのです。アップル社のCEOであるスティーヴ・ジョブズは、わたしよりはるかに力強く表現しています。

「だれも死にたくありません。天国に行きたいと思っている人たちですら、まさかそこに行くために死にたいとは思いません。にもかかわらず、死はわたしたち全員が共有する目的地なのです。そこから逃れられた人はひとりもいません。そして、そうあるべきなのです。なぜなら、死はおそらく生が生んだたったひとつの最高の発明品なのでしょうから」

ほとんどの人は、人生のなすがままに生きています——居眠り運転で人生をすごしているのです。数日は数週間になり、数週間は数カ月になり、数カ月は数年になってしまいます。わたしたちは知らないうちに死の床についていて、すべての時間はどこへ行ってしまったのだろう、と思うのです。そういった気持ちを、目に涙を浮かべながら語る多くの年配の方々と話してきました。

一日の贈り物

最近のセミナーに参加してくださったある方が、その点についてみごとな意見を述べられ、ご家族のひとりがいったことばを教えてくれました。

「太陽が輝いて、いろいろな店がいざなうようにあいているときは、悲しいかな、わたしは買い物を忘れていました。夜のとばりがおりたいま、買い物をしなければならなかったことを思いだすなんて」

おだやかな努力目標を申しあげます。

毎日、死んでください。毎朝、死ぬべき運命と気持ちをかよわせるのです。そのうえで、生に熱中してください。明日はないという気持ちで暮らしましょう。リスクをとってください。もう少し、心をひらくのです。本心を打ち明けましょう。与えられた命という贈り物に敬意をはらってください。きょう、燦々《さんさん》と輝いてください。夢を追いかけましょう。

ほとんどの人が最高の自分に手を伸ばそうとせず、安全なものにしがみついているのは悲劇です。明日、めざめたら、もっと崇高なものに手を伸ばしてください。最期のとき、みんなはあなたを偉大な人物のひとりとして思いだすでしょう。あなたの葬儀は祝福の場となります。

思考基準 10〜19

「あきらめ思考」から「やる気思考」へ

ほとんどの人が、自分自身の視野の限界を世界の限界だと思いこんでいる。だが、何人かはそうではない。彼らの仲間入りをしなさい。

（アルトゥル・ショーペンハウエル／哲学者）

人に対して感じるあらゆるいらだちや不快感は、自分自身を理解するのに役立つことがある。

（カール・ユング／心理学者）

10

「天才の公式」を活用する

天才はたぐいまれな人だけのものではありません。あなたもわたしもその肩書きをつけ、仲間入りする権利はあります——こちらがそう望むのであれば。

大それた提案をします。日々の向上と優秀さへの熱い思いにたえまなく身をささげれば、三年から五年で、あなたは人が天才と呼んでくれるレベルの能力（と洞察力）を身につけているでしょう。

「集中プラス日々の向上プラス時間、イコール天才」

ひとたびその公式を深く理解すれば、あなたの生活は一変するでしょう。

マイケル・ジョーダンはバスケットボールの天才でした。コートでの彼のはなば

思考基準

なしい成功は、たんに天賦の才のなせるわざだったのでしょうか？　絶対にそんなことはありません。彼は自然が与えたものを受けとり、公式を実行したのです。

集中プラス日々の向上プラス時間、イコール天才。彼は五つのちがうスポーツをきわめようとはしませんでした。集中力を散らすようなまねはしなかったのです。ひたすらバスケットボールでめざましい活躍をしようとしただけです。そして、みごとに活躍しました。

トマス・エディソンは、生涯で千九十三もの驚くべき数の特許を取得し、蓄音機だけではなく白熱電球も発明しました（彼が子どものころ、学校の先生は彼にものおぼえが悪い生徒というレッテルを貼りました。人のいうことをよく聞かなかったのです。名誉でしょう）。彼はりっぱな商人、詩人、音楽家になろうとはしませんでした。発明だけに焦点を合わせたのです。日々、向上していました。そして、時間が魔法を使うにまかせたのです。かくして、天才の登場となりました。

パブロ・ピカソの話を思いだします。ある日、ひとりの女性が市場で彼を見つけて、一枚の紙をとりだしました。

「ミスター・ピカソ」彼女は興奮ぎみにいいました。「あなたの大ファンなんです。わたしのために、ちょっとしたデッサンを描いていただけませんか？」

ピカソはうれしそうに応じ、彼女がさしだした紙にすばやく描きました。にっこり笑ってその紙を返しながら、彼は、「百万ドルになるよ」といったのです。「でも、ミスター・ピカソ」と、興奮したその女性は答えました。「この小さな傑作をお描《か》きになるのに、たった三十秒しかかかってませんわ」

ピカソは笑いました。

「その傑作を三十秒で描けるようになるまでに、わたしは三十年かかったんだ」

自分がなにを得意としているのか——あなたの天才を知ってください。自分の才能を発見し、必死になってそれらをみがくのです。独自のリーダーシップを発揮するための技術でもっとも大切なことのひとつは、自己認識です。自分はほんとうはなにが得意かを知ってください。他人が賞賛するそういった能力についてじっくり考えるのです。あなたのもとへ無理なくやってきて、淀みなく流れていく、そういった才能に思いをはせてください。

あなたはすばらしい伝達者か、人をうまくあやつる力があるのかもしれません。あなたはものごとを実行して成しとげる並はずれた能力の持ち主なのかもしれません。ことによると、革新《イノベーション》や創造に関する特別な才能があって、ほかのみんなとおなじものを見ているのに、ちがう考え方をしているのかもしれません。

あなたの天賦の才を発揮できるものを見つけて、それを伸ばしてください。集中プラス日々の向上プラス時間、です。きょう始めれば、三年から五年後には、みんなはあなたについて書いているでしょう。あなたを天才と呼んでいるでしょう。あなたのすばらしさを褒めたたえているでしょう。

ご心配なく、わたしもそのひとりでしょうから。

思考基準

ポイント・メモ

11

ポジティブな基準点をもつ

このまえの月曜日の夜、わたしは六十二歳の男が、三万人の熱狂的なファンの前で二時間以上にわたって会場をゆるがすのを見つめていました。そう、ミック・ジャガーは六十二歳で、かつては若かったローリング・ストーンズのリーダーも年をとりつつあります。でも、彼には相変わらずあのカリスマがあります。動きも健在です。いまだに若さをたもっています。

彼を見ながら、わたしはこのごろセミナーでよく使っていることばを思い浮かべました。

「基準点」

思考基準

先週、だれかがこういっているのを聞きました。「わたしもついに六十代か――そろそろ人生の終着点だな」

ミックがあなたの基準点なら、そんなことはないでしょう。

ポジティブな基準点は、あらたなものの見方と新しい可能性をもたらしてくれます。存在すら知らなかったさまざまなドアが開きはじめてくれるでしょう。

わたしの父は誠実さに関する偉大な基準点です。

わたしの母は思いやりに関するすばらしい基準点です。

わたしの子どもたちは、無条件の愛と、はてしない好奇心に関するみごとな基準点です。

ヴァージン・グループをつくりあげたリチャード・ブランソンは、全力で人生を生きることに関するあざやかな基準点です。

マドンナは一からやり直すことに関する偉大な基準点です。

ピーター・ドラッカーは生涯学習に関するすばらしい基準点です。

ネルソン・マンデラは勇気と博愛主義に関するりっぱな基準点です。

低い基準点をもってしまったがために、好機よりシナリオの限界を見てしまうことがしばしばあります。超一流の基準点をもてば、潜在能力よりはるかに多くのことが理解できて、人生にさらなる驚きがもたらされるでしょう。正しい人をお手本に選べば、あなたは人間としてもっと重要な役割をはたすことができます。

わたしたちはみなよく似ています。おなじ生身の人間です。彼らが偉大さに到達できるなら――あなたも到達できるでしょう。彼らが一流になるためにしたようなことをすればいいだけです。

ひとつ、申しあげておきましょう。（あと二十一年たって）六十二歳になったとき、わたしはミック・ジャガーのようになりたいと思っています。というのも、彼はまだスタートをきったばかりなのですから。

ポイント・メモ

思考基準

12

“不可能思考”を捨てる

哲学者のアルトゥル・ショーペンハウエルは、かつてこういいました。

「ほとんどの人が、自分自身の視野の限界を世界の限界だと思いこんでいる。だが、何人かはそうではない。彼らの仲間入りをしなさい」

深遠な見解です。あなたがいまこの瞬間に見ている人生は、かならずしもあなたの未来の人生ではありません。あなたは、不安、限界、あやまった憶測という目をとおしてものごとを見ているのかもしれないのです。

いったん曇った窓ガラスをきれいにしたら、なにをとおして世の中を見られると思いますか？　さまざまなあらたな可能性があらわれます。

いいですか、わたしたちは世界をあるがままに見ているのではなく、自分たちの生活をとおしてしか見ていないのです。もう十年以上前、わたしはよりよい生活を探しもとめる不幸な弁護士でしたが、そう考えることで人生が一変しました。

一九五四年以前は、どのランナーも一マイル四分の壁をやぶることはできないと信じられていました。でも、ロジャー・バニスターがはじめてその壁をやぶると、さらに多くのランナーがその偉業を達成したのです。わずか数週間以内に。なぜでしょう?

彼はみんなに、なにが可能であるかを示したからです。人びとはあらたな基準点を手に入れました。そして、その信念で武装した人びとは、不可能を成しとげたのです。

あなたにとっての「一マイル四分の壁」とはなんですか? なにが不可能かに関して、どんなことでわが身をあざむいてきましたか? なにが手に入らない、なにができない、なにになれないという点について、どんなあやまった憶測をしていますか?

あなたの思考があなたの現実をつくります。

思考基準

あなたの信念が自己実現的な予言になるのです（なぜなら、あなたの信念があなたを行動に駆りたてるからです——そして、あなたはけっして思考とずれた行動をとらないでしょう。**人生のサイズは思考のサイズを反映しているのです**）。

あなたが人生では起こりえないと考えていることがあれば、あなたはその目標を実現するのに必要な行動をとらないでしょう。あなたの〝不可能思考〟はかたちになってあらわれます。

目に見える限界は、あなたが到達するはずの偉大さへの道をはばむ束縛の鎖となります。あなたはもっとずっとすばらしい人間なのです。

世界ではじめてシャム双生児の分離手術に成功した、著名な神経外科医のベン・カーソンは、その点についてとてもうまく表現しています。

「平均的な人間などというものはいません。ふつうの頭脳をもっていれば、あなたはすぐれているのです」

13

問題ではなく可能性を見る

問題は役に立ちます。問題は可能性をもたらしてくれます。組織内でも人生でも、あなたの成長を助け、よりよいものへと導いてくれます。あらゆる問題のなかには、ものごとを向上させる貴重な機会がひそんでいるのです。

すべての難題は、ものごとをよくしてくれるチャンスにすぎません。

それを避ければ、成長と進歩を避けることになります。それに抵抗するのは、偉大になりたくないということです。

目の前にある難題を受け入れて、そこから最高のものを引きだしてください。そして、問題がない人びとは死んだ人だけである、ということをわかってください。

あなたをどなりつける機嫌のわるい顧客は、問題に思えるかもしれません。でも、リーダーのように考える人にとっては、組織の流れを改善し、そういったことが二度と起こらないようにしてくれ、製品とサービスの向上に利用できるかもしれないフィードバックが得られる大きな機会にもなります。そして、その問題は、じっさいに企業が向上する力になったのです。無料で市場調査ができたわけです。

職場の人間関係における葛藤は、問題に思えるかもしれません。でも、リーダーのように考え、その状況を利用して、理解を深め、コミュニケーションを活性化し、人間関係を強化すれば、その問題のおかげで向上したことになります。あなたの成長の糧《かて》となり、みごとに役立ってくれたわけです。感謝しましょう。

病気や離婚や愛する人を失うことは、問題に思えるかもしれません。たしかに、つらいことです（離婚に関しては、経験したのでわかります）。でも、わたしはもっとも悲しい経験によってかたちづくられてきたのです。それらは、深み、思いやり、英知をもたらしてくれました。自覚を与えてくれました。いまのわたしがあるのは、悲しい経験のおかげです。どんなことがあっても、なにかと交換したりはしません。

思考基準

問題は才能を明らかにしてくれます。超一流の組織には、問題を向上の機会ととらえる文化があります。問題を責めないでください。それらから学び、受け入れるのです。

超一流の人間は、傷を英知に変えます。失敗をてこにして、わが身を成功へと近づけるのです。

彼らは問題を見ようとしません。可能性を見ようとします。だから、彼らは偉大になれるのです。いいですか、たとえ二度やっても、誤りは誤りにすぎません。

ポイント・メモ

思考基準

14
あなたを怒らせる人に感謝する

ひどく腹の立つことは、じつは大きな機会なのです。あなたを怒らせる人たちは、あなたにとって最高の教師です。あなたを怒らせる問題は、最高の贈り物なのです。感謝しましょう。それらを愛してください。

あなたから力を奪う人びとや状況は、すばらしい価値をもっています。あなたが制限をかけている信念、不安、誤った前提を明らかにしてくれるのです。著名な心理学者であるカール・ユングは、かつてこういいました。

「人に対して感じるあらゆるいらだちや不快感は、自分自身を理解するのに役立つことがある」

説得力のある意見です。あなたに最高の人生を送らせまいとしているものを正確に指摘できる、という人物がいたら、いくら払いますか？

あなたがなぜいつも夢見ている場所にいられないかに関するくわしい情報や秘密を手に入れることに、どれほどの価値があるのでしょう？

あなたをいらだたせ、悩ませ、怒らせるものは、あなたが人間として進化し、向上するための入り口です。あなたが取り組む必要があるもの、直面しなければならない恐怖を教えてくれる、道しるべなのです。成長のための贈り物です。

あなたを激怒させる人たちを非難し、すべて彼らのせいにすることもできます。あるいは、賢くふるまい、自分の深い内面を見つめて、ネガティブな反応をした理由を見つけることもできます。

自己認識を育てるために難題を利用してください。なぜなら、認識してもいない不安をどうやって克服できるのですか？　そして、自覚していない危険をどうやって乗り越えるのですか？

自分の弱点に光をあてはじめ、それらに関して責任をとれば、あなたはそれらを追いはらうプロセスに着手したことになります。光にさらされた影は消えはじめます。あなたはもっと強くなります。もっと影響力をもてます。運命づけられている以上の存在になれます。ちがう目で世の中を見るようになります。人は進歩して偉大になることができるのです――わたしはこの目で毎日のように見ています。

わたしが好きな思想家のひとりで、レバノン出身のハリール・ジブラーンは、かつてこう書きました。

「わたしはおしゃべりから沈黙を、薄情から親切を、狭量から寛容を学んだ。だが、奇妙なことに、そういった教師たちに感謝している」

ですから、こんど同僚があなたを激怒させたり、十代の子どもたちがあなたをむっとさせたり、レストランの失礼なウェイターがあなたを憤慨させたりしたら、彼らのもとに歩み寄って、抱きしめてあげましょう。彼らがくれた贈り物に感謝してください。なぜなら、彼らはほんとうにくれたのですから。

思考基準

ポイント・メモ

15

安全地帯からでる

説得力のある提案です。

進退きわまっているときに、しばしば偉業は達成されます。じっさい、プレッシャーがあなたのパフォーマンスを高めてくれるのです。緊迫しているとき、あなたの力は全面的に発揮されます。自分自身をきびしい立場に追いこんで、ほそい枝のうえにいると感じるようになったときはじめて、真のあなたが浮かびあがってくるのです。

難題のおかげで、みごとに最善の――そしていちばん輝いている――自分自身があらわれます。

ちょっと立ちどまって、一、二秒、そのことを考えてみてください。気ままな人生を送っていれば、あなたは向上しません。さらに退屈に、ひとりよがりになって、

思考基準

活気がなくなるだけです。安全地帯にとどまり、人生を労せずしてうまく切り抜けていれば、けっして成長しません。

たしかに、もっとも抵抗が少ない道をすすむのはきわめて人間らしいといえるでしょう。輝こうという意欲をかきたててみずからにストレスを課すのを避けたい、と思うのは当然です。でも、凡人はけっして偉大になれません。

（マハトマ・ガンジー、ビル・ゲイツ、人気女性司会者のオプラ・ウィンフリー、マザー・テレサ、アルベルト・シュヴァイツァー、インテルの共同創業者のアンディ・グローヴ、トマス・エディソンは、他人とはまったくちがう太鼓の音を聴いていました――ありがたいことに）

わたしは、スペインの有名な探検家、エルナンド・コルテスの話を忘れたことがありません。一五一九年、彼はメキシコのベラクルスの海岸に上陸して、祖国のために土地を征服しようとしました。ところが、攻撃的な敵、情け容赦のない病気、とぼしい物資と悪戦苦闘するはめになったのです。内陸に向かって戦闘をすすめていくとき、コルテスは副官のひとりにたったひとつの命令をもたせて海岸にもどらせました。

「背水の陣をしけ」

わたし好みの男です。

撤退という選択肢がなかったら、あなたは毎日――仕事と生活に――どのくらいの気持ちで取り組みますか？

〝背水の陣がしかれていて〟、失敗が許されないのを知っていたら、あなたはどこまで高いところをめざし、どこまで敢然《かんぜん》と立ち向かい、どこまで勤勉に働き、どこまで断固として生きますか？

ダイヤモンドはすさまじい重圧を受けて形成されます。そして非凡な人間は、きみたちは勝利をおさめなければならない、と語りかける枠組みのなかで暮らすことによって形成されるのです。

ポイント・メモ

思考基準

16 ちょっと視点を変えてみる

わたしたちの多くのクライアントが、トーマス・フリードマンの『フラット化する世界』を話題にしています。新興経済によるグローバリゼーションと競争の場の平準化に関して書かれたものです。すばらしい本です。でも、わたしは題名を聞いてまったくちがうテーマを思いつきました。それは視点の重要性です。

世界はフラットではありません——世界は小さいのです。つまり、こういうことです。

わたしたちは巨大な宇宙のなかにある小さな惑星に住んでいます。著名な物理学者であるスティーヴン・ホーキングは、われわれは無数にある銀河のひとつの周辺部に位置する、ごく平均的な小さな惑星に住んでいる、といいました。あなたもわたしも、世界にいる何十億人のひとりです。わたしたちが日々を送るときに直面する問題は、そんなにたいしたものですか？　ちょっと視点を変えると、人生はずっとあつかいやすくなります。

苦労してもがいているとき、わたしはこう自問することがあります。

「いまから一年後、これは重要な問題だろうか？」

そうでなければ、先にすすみます——さっさと。

もうひとつ、職場のチームや家族に向けたすばらしい質問をお教えしましょう。

「ここでだれか死んだのかい？」そうでなければ、ものごとは落ちつき、だいたいおだやかな心がとりもどせます。

視点を変えつづけてください。わたしたちが考えている問題のほとんどは、結果的には、災い転じて福となるのです。わたしは、最初はとてつもなく苦しく思えることに直面してきました。この世の終わりだと思ったものです。

でも、時がたつにつれて、そういったことはかたちを変え、わたしの人生をよりよく、よりしあわせで、より満足できるものにしてくれました。みなさんにもおなじことがあてはまると思います。

ですから、きょう、心のなかで視点の問題に取り組んでください。いいことに焦点を合わせるのです。もっとほほえみ、もっと声をだして笑いましょう。人生は短く、地球は小さい――でも、じっさいはとてもとても大きいのです。

思考基準

ポイント・メモ

17

ポジティブなことばを口にする

あなたが使うことばが、あなたの感じ方を決定します。あなたが選ぶ言語が、あなたが現実を理解する方法をかたちづくります。あなたの語彙《ごい》が、あなたの人生の意義を推進します。どうぞ、この見解について考えてみてください。わたしは、将来に向けた大きな考えだと信じています。

わたしがコーチをしている大物実業家たちは、いままで会ったなかでもっとも元気がいい人たちです。そして、彼らの話し方には、人間として向上することへの献身が反映されています。彼らは挫折《ざせつ》をけっして「問題」と呼ぼうとしません――「さらにすばらしいものを創造する機会」と呼びます。

そのうえ、まるで魔法のように、彼らのポジティブな言語は、彼らのなかにあるポジティブな感覚を奮い立たせます。その感覚は、一見したところ困難な状況において「勝利者対犠牲者」を演じるとき、彼らをささえてくれるものです。

偉大な人物は、気分をそこねた顧客に関する情報を「悪いニュース」として表現することはけっしてなく、「われわれの成長を助けてくれる好機」と分類するでしょう。ネガティブなことばを使うよりむしろ、可能性を追求し、夢に焦点をあてつづけていられるように、彼らはまわりにいる人びとを奮い立たせる魅力的なことばを好みます。

あなたが使うことばは、あなたが生きる人生に影響を与えます。

賢く選んでください。

思考基準

ちょっとした練習をしてみましょう。日誌をとりだすか、きれいな白い紙を用意して、あなたがいちばんよく話すことばを書きだしてください。自分のことばの質を知れば知るほど、あなたの選択肢は増えるでしょう。それに、記録すれば、あなたの自己認識は劇的に高まります。

ふだん使っていることばが確認できたら、もうひとつリストをつくってください。あなたの人生に役立つきわめてポジティブな一連のことばを、はっきり声に出していってみましょう――あなたの分野のスーパースターが使っていると思われることばを。

それらをあなたの日々の語彙に取り入れるのです。そういったことばを話せば、気分がよくなるのがわかるでしょう。さらに力強くなります。もっと情熱的になります。で、すばらしい気分になったら、どうなると思います?

あなたはすばらしいことをするでしょう。

ポイント・メモ

思考基準

18 やる気を長続きさせる三つの方法

本のサイン会で、ある読者に会いました。彼はとても皮肉な人でした――だれもがわたしのことばを受け入れてくれるわけではありません。それに、わたしはかならず正しいわけでもありません。自分にとって真実であると感じている哲学を話しているだけです。だれかが同意してくれないなら――まあ、だれもがコーヒー好きなわけではありませんからね。意見の違いが人生をおもしろくしているのです。

でも、その読者は寛大でした。じっさい、わたしの本が好きだといってくれたのです。ただ、自分の役には立たないだろうと思っていました。

うーん。

信念と確信は山をも動かします。ある考えが功を奏すると信じられないのであれば、それを実行する機会はないでしょう（そして、実行しなければ結果は得られません）。思考は行動の母ですから、あなたの信念は自己実現的な予言になります。

サイン会が終わってから、その読者の意見についておおいに考えました。もういちど彼に会う機会があれば、山登りの比喩《ひゆ》を使って、人はさまざまな変化を、しかも長続きする変化をとげられることを理解してもらうつもりです。

その点について、わたしの考えを述べておきましょう。本書に書いてある考えを理解してもらい、長続きする結果を得るためにそれらを生活に組み入れられるように、とくに、三つの考え方を申しあげます。

1　山頂がどのように見えるかを明確にする

あなたにとって成功とはどんなものかを、書いて明確にすることをお勧めします。はなばなしい成功をおさめた気分になるためには、生活でどんな変化が必要なのか、改善しなければどうなってしまうのかを、書きとめてください。

それから、生活のあらゆる主要分野の目標を記録します。いまから五年後、あなたの現実がどうなっていてほしいかを書きだしましょう。あなたが自分のものにしたい価値観のリストをつくってください。明確にしたあとで成功がやってくる——そして、自覚したあとで変化がやってくるのです。

思考基準

2 登りはじめる

スタートには大きな力が秘められています（わたしは「スタートの力」と呼んでいます）。いまたったひとつのことをするだけで、始動するのです。そして、はずみがつきます。その動きで、あなたはポジティブな結果を感じはじめます。そして、ポジティブな「フィードバック環《ループ》」が始まります。さらなる動き、さらなる結果。しかも、こんどは自信が生まれます。

3 小さな一歩を踏みだす

跳びはねてエベレストの山頂に立つことはできません。徐々に登っていかないと、山頂にはたどりつけないのです。一歩一歩踏みしめていけば、目標に到達できます。一歩ごとに夢に近づけます。人生もおなじようなものです。日々の小さな一歩が、いずれあなたを偉大さに導いてくれます。どうしてでしょう？

なぜなら、ほんの数日はあっというまに数週間になり、数週間は数カ月に、数カ月は数年になるからです。いずれ人生の終点にたどりつくのです。非凡な人間として到着してはいかがでしょう。

19

賢い仕立屋に学ぶ四つの教訓

けさ、この項を書く前に、仕立屋さんに頼んで、子どもたちの学校の制服をちょっと直しにきてもらいました。彼とはもう長いつきあいで、いつもわたしたちによくしてくれます。彼は四十年もその仕事にたずさわっているので、わたしは彼の眼球の裏に入りこんで、つまり彼の視点でものを見て、ビジネスが成功し、かつ長続きしている秘訣をさぐろうと思いたちました。そこで、質問を始めたところ、つぎのような答えが返ってきました。

「ロビン、うちの店で実行している四つの簡単な方針があるんですよ。ずっと役に立ってくれています。じっさいは、成長期のころに母親を見て学んだんですけどね」

といって、彼はちょっと間《ま》をおきました。「母を亡くしてとても寂しいです」

このニールという仕立屋さんの四つの方針をお教えしますので、あなたも基準を高くして、職場で——そして、家庭で——もっと明るく輝いてください。

思考基準

賢い仕立屋から学んだリーダーシップに関する四つの教訓

1 向上する

つねに向上して、よりよいことをする。けっして平凡でよしとしない。

2 注意をはらう

いっしょに仕事をする相手と話をする。じっさいは、相手の話をよく聞く。そして、ビジネスから目をはなさない。というのも、ちゃんと見たことしか期待できないのだから。

3 つながる

人びとによくする。顧客に敬意をはらう。彼らに十分な価値を与える。気をくばり、どんな苦情にも迅速に対応する。

4 順応する

状況は変わる。競争は激化する。不確実性があらたな標準になる。迅速であれ。柔軟であれ。敏捷《びんしょう》であれ。

ポイント・メモ

時間術 20〜28

「流される時間」から充実した時間へ

死んだら寝る時間はいくらでもある。

（ベンジャミン・フランクリン／政治家・科学者）

まったくするべきではないことを能率的にする。これほどむだなことはない。

（ピーター・ドラッカー／マネージメントの権威）

20

時間を美しく使う

時間は美しいものです。生活のハードウェアの一部です。時間とのつきあい方は、いろいろな意味で、あなたの人生がどう見えるかを決定します。にもかかわらず、わたしたちのほぼ全員は、もっと時間がほしいと願ういっぽうで、誤った時間の使い方をしています。

わたしが権威《グル》でないことについては、のちほどじっくり書きます。でも、時間の使い方はとてもうまくなりました。むだにした時間は失われた時間です。いわずもがなでしょうが、いちど失われた時間はけっしてとりもどせません。

最近、著名な投資家であるジョン・テンプルトンは、どこに行くときもかならずブリーフケースに本を入れていく、という話を読みました。そうすれば、長い列にならぶはめになっても、その間に本を読んで、学び、成長することができるわけです。

『ローリング・ストーン』誌に、マドンナは時間をむだにするのが大きらいと書いてあるのも読みました。彼女はナイトクラブへ行くときには本をもっていって、踊っていない時間を有効に使っていたそうです。

わたしがコーチをしているクライアントたちもそのようにしています。彼らは徹底的に時間管理をした結果として、大勢の人たちを指導しているのです。

はっきりさせておきましょう。わたしは、ありとあらゆる時間をスケジュール化しなければならないといっているのではありません。自発的になってください。遊び心をもちましょう。自由にやるのです。わたしはじつは自由な精神の持ち主です。いちばん楽しんでいる人たちは計画の立て方や時間のうまい使い方を知っている、ということに気づいただけです。

わたしの経験でいえば、いちばんストレスを感じ、五回の出動警報が発せられた火災のようにあわただしい生活を送っている人たちは、運まかせの人生を送っていて、スケジュールを立てたり、目標をはっきりさせたり、綿密な計画にしたがったりすることに時間をかけません。

「不安の原因は、管理、組織、準備、行動の欠如にある」

と、思想家のデイヴィッド・ケキッチはいっています。
とても影響力のある考えです。

ポイント・メモ

21 早起きのための六つの戦術を試す

きのう、ある会議で、CIBCのテレフォン・バンキング部門のリーダーシップ・チームに向けて基調講演をしました。大きなグループです。CIBCはカナダの大手銀行のひとつで、聴衆は、エネルギー、情熱、知性に満ちあふれていました。

わたしは、パフォーマンスが高い文化の構築、より深い人間関係の開発、肩書きなしで指導するパワーに関するアイディアを話しました。それから、個人的なリーダーシップについて洞察を述べました。人間として超一流になりたければ、早起きをする必要がある、というところから始めたのです。部屋はしんと静まりかえりました。話が通じなかったな、と思いました。

わたしは聴衆と個人的に話をするのが好きで、講演が終わったあとも喜んで残って質問に答えます。驚くべきことに、あまりに多くの人が、早起きの習慣をつけるにはなにをする必要があるかをきいてきました。

「わたしは人生からもっとずっと多くを手に入れたいんです」と、あるマネージャーはいいました。

「あなたがいう、毎朝、〝聖なる時間〟をつくる、というヒントはとてもいいですね――六十分間、心に栄養を与え、体を大切にし、修養を積む、というやつです」と、べつの人がいいました。

「人生はあっという間にすぎていくから」と、さらにべつの人がいいました。

「日々のなかでもっと多くを得るためには、ほんとに早起きを始めないとだめですね」

外面の生活は内面の生活を反映していること、毎日早起きして内面的な作業をすれば、わたしたちの日々が劇的に向上することは、つい忘れてしまいがちです。

あなたにエネルギーがないとき、どうやって周囲の人たちのポジティブなエネルギー源になれるのですか？　自分自身の最善のものとつながっていないのに、どうやって他人のなかの最善のものを開発してあげられるのですか？　自分のなかに闘士が見あたらないのに、どうやって闘士となって他人を擁護《ようご》できるのですか？

早起きをして、内面的な作業をしたり、考え方をひろげたり、人生哲学を研《と》ぎすましたり、目標を見つめ直したりするのは、けっして時間の浪費ではありません。その〝聖なる時間〟は、あなたの一日の残り時間すべてに、生活の各領域を高める視点をもたらしてくれます。あなたを変えてくれるでしょう。リーダーとしてのあなたを向上させてくれます。親としてのあなたも。人間としてのあなたも。

早起き（午前五時がいいでしょう）を助けてくれる、六つの実用的な戦術があります。

時間術

1 午後七時以降は食べない

ここちよいだけでなく、深い睡眠がとれるでしょう。睡眠でいちばん大切なのは、量ではなく、質です。

2 ベッドのなかでぐずぐずしない

めざまし時計が鳴ったら、ベッドのなかでぐずぐずしてはいけません。跳び起きて、一日をスタートさせましょう。めざまし時計が鳴ってからベッドに横たわっている時間が長くなればなるほど、あなたの心が、「ベッドに横になっていろ。もう少し寝るんだ。ベッドはあたたかい。きみはそれだけの報いを受けて当然だ」というようなことをいいだす可能性が高くなります。

３　超一流の体調になる

これは将来に向けての大きな考えです。すばらしい体調でいると——週に五、六回の運動をして、このうえなく正しい食事をとる——午前五時にいとも簡単に跳び起きられることに気づきました。午前四時のときもあります。いい体調をたもつのは、生活のあらゆる領域にポジティブな影響を与えるすばらしい手段です。

４　ＢＨＡＧを設定する

ジェームズ・コリンズは、共著『ビジョナリー・カンパニー　時代を超える生存の原則』のなかで、「ＢＨＡＧ」ということばを創造しました。大胆不敵《ビッグ・ヘアリー・オーディシャス》な目標《ゴールズ》という意味です。目標は、あなたの日々に魂とエネルギーを吹きこんでくれます。ほとんどの人が早起きしないのは、そうする理由がないからです。

情熱（そして早起き）の秘訣は目的です。目標はあなたを鼓舞して、毎朝、ベッドから出るためのなにかを与えてくれます。日誌をとりだして、生活の核となる重要性に関する、十年、五年、三年、一年間の目標を書きこめば、心の焦点が合って、とてつもない結果が生まれます。あなたは奮い立ち、情熱で満たされるでしょう。

5 めざまし時計を三十分はやくセットする

わたしはこの点について、最近の「最高の自分をめざめさせる週末」——世界中から人びとがやってくるワークショップで、いかにして不安を打破し、最高の人生を送るかを学ぶところです——で話しました。

スペインの参加者から、eメールをもらいました。このちょっとした秘訣は、彼女の生活をみごとに変えたようです。彼女は午前六時に起きるつもりでした。起きて、ベッドからでたとき、まだ五時三十分であることに気づいたのです。あらたに手に入れた時間は、瞑想や読書や運動にあてられました。彼女は内面生活を大切にし、その結果はすばらしいものとなったのです。彼女のビジネスはいままでにないほど成功しました。家庭生活はここ数年で最高の状態にあります。そして、本人は信じられないくらいしあわせを感じています。この秘訣がばかばかしく思えるのはわかっています——でも、みごとに功を奏すのです。

6 二十一日かける

わたしが好きなクライアントのひとつはＮＡＳＡ（米航空宇宙局）です。彼らは職員のリーダーシップ能力を開発するために、わたしたちの「リーダーを育てる」というプログラムを実施しています。わたしがこの組織を好きなのは、ほんとうに世界の超一流を象徴しているからです。わたしがＮＡＳＡから学んだことのひとつに、**スペース・シャトルは地球の周囲をまわる全行程で消費するより、離昇後の最初の数分のほうが燃料を使う、**というものがあります。なぜでしょう？

最初は、すさまじい引力に打ち勝たなければならないからです。でも、打ち勝てば――飛ぶのが楽になります。説得力のある考えです。個人として変化をとげるプロセスは、最初がもっともつらくなる可能性があります。一日や一週間では終わりません。古い習慣という引力に打ち勝つには時間がかかります。でも、きょうから三週間後、その気になれば、あなたの生活はずっと向上しているかもしれないのです。あらたな習慣を身につけるには、つねに二十一日はかけましょう。

ですから、五時起きクラブに参加してください。ベッドとの闘いに勝つのです。気持ちをマットレスの向こうへもっていきましょう。早起きしてください。

そして、ベンジャミン・フランクリンがかつていったことを思いだしましょう。

「死んだら寝る時間はいくらでもある」

機知に富んだ人物です。

時間術

ポイント・メモ

22

優先事項をスケジュールに組みこむ

古い名言に、

「あなたがすることはとても雄弁で、あなたがなにをいっているのか聞こえない」

というものがあります。

優先価値にはまず家族がふくまれている、と口にすることはできますが、スケジュールに家族とすごす時間がまったく入っていなければ、あなたにとって家庭生活は優先事項ではないことになります。

優先価値には最高の健康状態もふくまれている、と口にすることはできますが、週間スケジュールに五、六回の運動が書きこまれていなければ、あなたにとって健康は口でいっているほど重要ではない、というのが現実です。

人間として向上すればそれだけ有能になれるから、自己啓発は必要不可欠な楽しみである、と主張することはできます。あなたのスケジュールを見せていただければ、真実がわかるでしょう。

というのも、スケジュールは嘘をつかないからです。

日々のスケジュールにもっとも深い価値あることが整然と書かれていなければ、真の成功や長続きするしあわせは得られません。それは将来に向けた大きな考えで、わたしがコーチしている多くの重役のクライアントにとても役立っています。していることと、本来の自分のあいだにギャップがあれば、あなたは完全無欠ではないことになります。わたしは「完全無欠のギャップ」と呼んでいます。

日々すべてをささげていることと、もっとも深い価値との亀裂が大きくなればなるほど、あなたの生活はうまく機能しなくなるでしょう（そして、ますますしあわせを感じなくなります）。

なぜでしょう？　有言実行していないからです。ビデオがオーディオとつながっていないからです。みずからを裏切るという罪を犯しているからです。最悪の罪を。そして、あなたのもっとも深い部分に住んでいる証人――あなたの良心――はしっかりそれを見ています。

あなたのスケジュールは、あなたがじつはなにを重んじていて、なにが重要と信

じているかを測る最高のバロメーターなのです。

あまりに多くの人がいいことをいいます。でも、口にするだけなら簡単です。口数を少なくして、もっと実行しましょう。あなたのスケジュールを見せてもらえれば、あなたの優先事項をお教えできます。

わたしはかつて訴訟弁護士でした。法廷の証人は好き勝手なことをいえます。でも、証拠はけっして嘘をつきませんでした。

ポイント・メモ

23 スケジュール表を縮める

将来へ向けての大きな考えです。

経験豊富になるのに、どうして年をとるまで待たなければならないのでしょうか？　わたしはまだ若いうちに年配者の経験をもちたいと思います。そして、その方法を発見したような気がします。

スケジュール表を縮めるのです。たいていの人は、それほど多くの危険を冒したり、それほど多くのあらたな会話をかわしたり、それほど多くの新しい本を読んだり、それほど多くのあらたな旅に出たりしません。劇的に加速されたペースで、そういったことや経験を積めるほかのことをすれば、わたしは十年分の学習と教訓を四分の一の期間で手に入れられると思います。

より重要なことをもっと迅速にやって、スケジュール表を縮めるのです。集中して、身をささげつづけてください。一日一日を、もっと自分の意志で生きてゆきましょう。

わたしたちは全員、おなじ時間を配分されています。それぞれ、一日二十四時間を。悲しいことに、あまりに多くの人が重要でないことに時間をついやしすぎています。受け身の人生を生きているのです。「ノー」というべき行動に「イエス」といっています。川に浮かぶ木片よろしく、たまたまその日の流れの向かうほうへ移動しているだけです。

すべて、考える時間をつくらなかったせいです。優先事項について考える時間を。夢と目標について考える時間を。人生をどうしたいのかに注目する時間を。そんなふうにして、人びとはゆうに二十年は失っています。まじめな話。

人生でなにをしたいのかをはっきりさせれば、なにが大切かの意識を高められます。意識が高まれば、よりよい選択ができます。よりよい選択ができれば、よりよい結果が得られます。明快さが成功を生むのです。

ですから、経験豊富になることを人生の最後まで待たないでください。スケジュール表を縮めるのです。充実した人生を手に入れるにはなにを経験すればいいのかに関して、はっきりさせましょう——そのうえで、いま、それを始めるのです。洗練された人たちに会ってください。すばらしい場所に行きましょう。むずかしい本を読むのです。機会をとらえてください。たびたび失敗しましょう――それはあなたの守備範囲と危険負担《リスク・テイキング》の増大を映しだします。在庫目録にもうひとつの経験をくわえられるのであれば、勝ち負けなどどうでもいいではないですか。もっとも悲しむべきときでも、人生を豊かにできます。

ボストン・フィルハーモニー管弦楽団の指揮者として活躍しているベンジャミン・ザンダーは、名著『チャンスを広げる思考トレーニング』のなかで、恩師の偉大なチェロ奏者であるガスパール・カサドのことばを紹介しています。

「きみたちがかわいそうだ。きみたちは楽な人生を歩んでいる。胸の張り裂ける思いをしたことがないかぎり、偉大な音楽は演奏できない」

経験が増えれば、それだけいい人生が送れます。もっとも多く経験する者が勝利をおさめるのです。

24

「考える時間」をもつ

　仕事柄、わたしはあらゆる職業のおもしろい人たちと定期的に会える恩恵に浴しています。映画製作者、詩人、優秀な大学生、博学な教育者、先見の明のある起業家たちと会います。それぞれの出会いはなにか大切なことを教えてくれ、わたしのものの見方を方向づけてくれました。

　最近、アジアでもトップクラスのCEOのひとりと夕食をとったとき、わたしは大成功の秘密についてきいてみました。彼はにっこり笑って、

「考える時間をつくっているんです」

　と答えました。毎朝、少なくとも四十五分、彼は目を閉じて、深い考えにふけりながらすごします。瞑想しているのではありません。祈っているのでもありません。彼は考えているのです。

時間術

ビジネスの難題を分析しているときもあります。新しいマーケットについて考えているときもあります。でも、ほかのときは、自分の人生の意味と、自分の人生がどんな役に立ってほしいのかについて内省しているのです。しばしば、個人的にも職業的にも、あらたに成長できる方法を思い描いています。たまに、六時間から八時間もそうしていることもあります。黙ってすわっているのです。じっと動かずに。目を閉じて。考えているのです。

リーダーシップと人生で成功をおさめるにあたって、考える時間をつくるのはすばらしい戦略です。あまりに多くの人びとが、ただなにかをすることで日々の最良の時をすごしています。ものごとを実行するという側面だけに集中しているのです。

最近、あるクライアントにこういわれました。

「ロビン、ときどき忙しくなりすぎて、なににそんなに忙しいのかさえわからなくなるんだ」

でも、彼がまちがったことに忙しかったらどうなるでしょう？　すべての時間、エネルギー、潜在能力をつぎこんで山に登ってみたら——山頂に立ったら——ちがう山だった、というくらいがっかりすることはありません。思索と熟慮は、正しい山に登っていることを保証してくれます。

マネージメントの権威であるピーター・ドラッカーは、その点についてじつにみごとに表現しています。

「まったくするべきではないことを能率的にする。これほどむだなことはない」

思慮ぶかく、戦略的になることは、偉大さに向かって歩いていくときの第一歩です。明快になってはじめて成功につながります。もっとよく考えれば優先意識が向上して、なにに集中すればいいかがわかるようになります。あなたの行動は、さらに簡潔に、慎重に、意識的になるでしょう。よりよい決断と賢い選択ができるようになります。

もっと時間をかけて考えれば、受け身になることが少なくなります。さらに時間の有効利用ができるようになるでしょう（そうなれば、おのずと時間の節約になります）。そして、あなたの「考える時間」は驚くべきアイディアをもたらし、大きな夢を呼びさましてくれるでしょう。

その点に関して、ルイス・キャロルは『鏡の国のアリス』のなかであざやかに表現しています。

「やってもむだよ」と、アリスはいいました。「ありえないことは信じられないもの」

「それはあまり練習をしてないからですよ」と、女王はいいました。「わたしがあなたの年ごろには、毎日三十分は練習したものよ。日によっては、朝食の前にありえないことを六つも信じたこともあるわ」

ポイント・メモ

25

自分の面倒をみる時間をつくる

リーダーシップは心のなかで始まります。組織のリーダーシップは個人のリーダーシップから始まります。

最高の気分になれなければ、職場ですばらしい存在にはなれません。自分がいい気分になれなければ、だれかをいい気分にさせることはできません。エネルギーがなければ、ポジティブなエネルギー源にはなれません。成功への入り口は、外に向かって開くのです――内側にではありません。

こんど飛行機に乗ったら、客室乗務員のアナウンスに耳をかたむけてみてください。

「酸素マスクを装着なさってから、ほかの方のお手伝いをお願いします」

論理は明快です。呼吸ができなければ、あなたはまわりの人の役に立てません。

時間術

個人のリーダーシップにとって有効なたとえです。

　自分自身の面倒をみる時間をつくってください。しっかり体をきたえましょう。すぐれたビジネス書や勇気づけてくれる自伝を読んでください。計画を立てて、技術を向上させましょう。コーチといっしょに取り組むのです。愛する人たちとすてきな時間をすごしてください。自然と親しく交わりましょう。成功を追いもとめながら、人生を楽しんでください。

　自分自身の面倒をみられれば、他人にもっと多くを与えられるようになります。

　最高の状態をたもっていれば、あなたのリーダーシップの効力は保証されるでしょう。そして、生活を楽しむ時間をつくれば、あなたはもっと楽しい存在になるのです。

ポイント・メモ

26

くつろぎの時間を確保する

すべての時間を仕事についやしても、さらに生産的になることはできないでしょう。十年以上におよぶわたしの経験でいうと、仕事中に最高のアイディアを思いついた人はあまりいません。ちょっと時間をとって、そのことを考えてみませんか。

携帯端末で六十秒ごとにeメールのメッセージをチェックしていては、より効率的にはなれないでしょう。昼も夜も多忙な生活を送っていては、あなたが生まれながらにもっている創造性は活用されません。休暇をとらないと、ずばぬけた業績はあげられないでしょう。

わたしが学んだ大きな教訓があります。

くつろいで、楽しんでいるとき、わたしは最高のアイディア――ビジネスをほんとうに向上させ、生活に革命を起こしてくれる考え――を手に入れます。

冷静になって、心を喜びで満たすことをする時間をつくるのは、とても価値あることです。ニュートンは、地下鉄に乗り遅れないように走っているあいだに、物理法則に関する画期的な意見を思いついたのではありません。アインシュタインは、ヨットのセイリングや、子どものような自分自身とつながることに多くの時間をついやしました。ミシンの発明者は、先端に穴のあいた槍をもっている島の先住民の夢を見ているときに、そのアイディアを思いついたのです。

長い田舎の道をひとりで運転しているとき、わたしは『幸せなリーダーになる8つの習慣』のコンセプトそのものを考えつきました。そのアイディアがひらめいたとき、わたしは未舗装道路の路肩に車を停め、二時間以上かけて、いろいろなアイディアを日誌にダウンロードしました。忘れがたい経験です。

わたしは聴衆に向かって、ほとんどの収入をスキー場で稼いでいる、という冗談をよくいいます。みんな、にっこり笑います。でも、わたしのいいたいことをわかっているのです。あなたの天賦の才が流れるスペースをつくってあげる必要があります。スキーをしたり、スターバックスでコーヒーを飲んだり、森のなかを歩いたり、日の出とともに黙想したりしているあいだに、わたしたちは創造的なほとばしりを手に入れ、そういったアイディアの奔流がビジネスや私生活をつぎの段階にすすめてくれるのです。そういった追求は時間の浪費ではありません。絶対に。そういった追求は時間の有効利用なのです。

くつろいで、しあわせな気分で、その瞬間を楽しんでいるときに、創造性は生まれます。そうなれば、あなたの世界をゆるがすアイディアがもたらされます。必要なのは、かつて想像したこともない結果につながるひとつのすばらしいアイディアです。くつろぎ、休暇をとり、楽しむ時間をつくれば、あなたはじっさいにもっと成功するでしょう。

そういった追求はお金も稼いでくれます。フランスのシャンパン・メーカー、ヴーヴ・クリコ社のCEOであるミレイユ・ジュリアーノは、うまい表現をしています。

「わたしたちは毎日、〝ビーチ・タイム〟という自分自身のスペースをつくらなければなりません。なぜなら、消耗する世界に住んでいるのですから。たとえ自分のために二、三十分の時間をとるだけでも、あなたはよりよい従業員、よりよい同僚、よりよい人間になるでしょう。それはあなただけでなく、まわりの人たちの利益にもなるのです」

聞いてください。ヒューレット - パッカード社は最近、eメールなどのテクノロジーで絶え間なく中断されると、作業環境にいる平均的従業員のＩＱ（知能指数）が十ポイント低下する、と発表しました。アメリカのソフトウェア会社、ヴェリタスは、〝禁ｅメールの金曜日〟を導入したところ、驚くべき現象が起きたことに気づきました。金曜日がもっとも生産的で創造的な日になったのです。

ですから、楽しんでください。同僚といっしょに笑いましょう。ランチのときに散歩をしてください。週末は、釣りか水泳かゴルフをするのです。カリブ海で一週間、ビーチに腰をおろしているか、フランスかイタリアのすばらしい美術館めぐりをしてもいいかもしれません。あるいは、ただうたた寝をして、くつろぐもよし。

だれかに、きみは時間を浪費しているといわれたら、わたしの許可を得ているといってくださってけっこうです。

「でも、ロビンは、これが生産的なんだといってくれたよ」

そして、また寝てください。

27

運動の時間を取り入れる

わたしが福音伝道者で、最高の状態でいたいのであれば完璧な体調をたもつ、という全体構想を説いているのはご存じだと思います。すばらしい健康状態になるのは、わたしたちが起こせるもっとも賢い行動のひとつです。運動をすれば、以前より元気そうに見えて、力強く感じられ、はてしないエネルギーに満たされるでしょう。いい体調をたもてば、しあわせな気分になります。

先週は、大きな変化があった週でした。わたしはビジネスを改善し、もっと集中して迅速にすすめようとしています。自分のチームが新しい基準と目標を理解できるように指導しています。わが身をおおいに駆りたてて、もっと多くをこなし、よりよい結果を生みだそうとしています。そして、夢に合わせてハードルをあげています。もっと大きな効果をあげなければならないのです。その必要性をひしひしと感じています。

そういったなかで、とても役に立っていることのひとつが毎日のジム通いです。

ピーター・ウルス・ベンダーというプロの講演者から、かつてこういわれた記憶があります。

「ロビン、毎日、教会に行く人たちがいるだろ。まあ、ぼくの教会はジムだね。毎日そこへ行くと、浄《きよ》められるんだ」

わたしのリーダーシップ・セミナーのひとつに参加していた方がいっていたこともおぼえています。

「運動というのは、健康のために入っている保険みたいなものですよ。毎日、ジムに行くたびに、掛け金を払っている」

さらにべつの人は、最近、本のサイン会でわたしにこういいました。

「いい体調というのは健康な人の頭にのっている王冠で、病気の人にしか見えないんですよ」

気がきいています。賢人です。

どんなに忙しくなっても、両肩に重圧がかかってきても、申し分のない運動をすると気持ちがやすらぎます。ウォーキング・マシンからおりると、くつろぎとあふれる喜びを感じ、やるべき仕事の全体像が見えてきます。走っているときに多くのすばらしいアイディアが浮かびますし、ウェイトを挙げているとすっきりした気分になります。いい体調をたもっていると、しあわせでポジティブになります。

ただし、ミスター・ユニバースになる気はありません。でも、健康に気をつかっているので、生活ははるかに向上し、より生産的になって、長生きできるでしょう。それで十分です。

ポイント・メモ

28
〝未決事項〟を「大掃除」する

この一年、わたしは「戦略的冬眠」と呼んでいることに多くの時間をついやしてきました。生活のおおいなる〝忙しさ〟から逃れて、自分の優先事項、価値、個人哲学といったことを考え直していたのです。社交的な誘いを減らし、熟考に多くの時間をさきました。自分は正しい山を登っているのか、望ましいかたちで日々をすごしているのか、といったことを確認していたのです。今年は「大掃除」にも多くの時間をついやしました。生活を合理化し、簡素化して、ふたたび焦点を合わせるには、「大掃除」はすばらしい方法です。ほとんどの人は、大量の手荷物やがらくたの山をたずさえて人生の旅をしています。そこには、不完全な人間関係、いまだに許せない（あるいは、謝っていない）人びとといったものがふくまれているかもしれません。あなたの生活の手荷物には、準備しなければならない遺言、更新すべき保険契約といった〝未決事項〟がふくまれている可能性があります。がらくたの山は、ほったらかしの庭、空き部屋に積んである空箱と関係があるのかもしれません。

効果的なアイディアをお教えしましょう。そういったものを大掃除すれば——き**ちんと整えるか、生活から消す必要があるものを削除すれば——もっと身軽でしあわせな気分になって、心にさらなるやすらぎが訪れるでしょう。**

わたしの「大掃除」には、遺言の準備、長いあいだ使っていない大量の物の処分、正しい資産運用計画、物理的な空間の整頓、わたしの個人的・職業的な戦略目標（ゴール）に合わない気晴らしに別れを告げること、もっと能率のいいシステムの設置、わたしのビジネス・モデルの向上に大量の時間をついやすこと、がふくまれていました。どうなったと思います？　功を奏したのです。みごとに。

いちばん大切なことをする時間が多くなりました。かつてよりくつろいで、流れに身をまかせています。エネルギーも増えました（混乱——身体的であれ感情的であれ——は人を疲れさせます）。さらに創造的になったのです。いままでより楽しんでいます。ですから、あなたの生活を「大掃除」してみてください。すぐに。その結果にびっくりされるかもしれません。

習慣づくり 29 ～ 38

「振り回される生活」から自発的生活へ

人生の最期になって神の前に立つとき、ひとかけの才能も残っておらず、こういえるといいのですが。“あなたからいただいたものは、すべて使いはたしました”

（エルマ・ボンベック／ユーモア作家）

偉大な小説を書く人はあまりいません。でも、わたしたちのだれもがそれらを生きることができます。

（ミニヨン・マクローリン／ジャーナリスト）

29

人生の達人になる三つの原則

人生は技です。ほかのすべての技とおなじように、基本原則をおぼえて、練習する時間をつくれば、かならず上達します。ぐっと。人生に身をささげれば、熟練の域にも到達できるでしょう。何人かはそうなりました。

人生の達人になるためにできる、三つのシンプルなことを提案します。

1 人生に注意をはらう

自分の人生にどんな価値をもたせたいのか、長い歳月からなにを学んだのか、なにを遺《のこ》すのかについて、じっくり考える時間をつくってください。時間は砂粒のようにわたしたちの指のあいだをすり抜け、二度ともどってきません。日々をついやして、自分の才能を理解するのです。アメリカのコラムニストでユーモア作家、エルマ・ボンベックのことばを思いだします。

「人生の最期になって神の前に立つとき、ひとかけの才能も残っておらず、こういえるといいのですが。〝あなたからいただいたものは、すべて使いはたしました〟」

毎朝、自分の世界に向かって歩きだすまえに、日誌に書いてください。いい一日だったと感じるためにはどんな目標を成しとげる必要があるか、考えてみましょう――そして、書きとめるのです。あなたがいちばん尊重している価値について考えてください。きのうからどんな教訓を学んだかを考えてみましょう。学んでいないのであれば、失敗してもなんの意味もありません。

2 人生にたずさわる

アメリカの女優、アンジェリーナ・ジョリーは、「あらたな出発をする唯一の方法は、人生に死に物ぐるいですべてをささげることね」といったとき、真実を語っていました。年をとるにつれて、わたしはあることを学びました。人生は与えたものを返してくれる。だから、最善のものを与えてください。

ゆうべ、何人かの友人と食事をしていると、目標設定の話になりました。

「でも、人生の先行きがどうなるかわからない時代に、なんで目標なんか設定するんだい?」と、ある友人がききました。

「人生は予測できないからといって、偉大になる力を発揮すべきではない、ということにはならないよ。目標を設定する。計画を立てる。腰をあげて、夢を追いかける。個人的責任というのは、そういうことなんだ。でも、いったん最善をつくしたら――ほったらかしにする。あとは人生にやってもらうのさ」というのが、わたしの答えでした。

3 人生を楽しむ

わたしたちは人生を重く受けとめます。でも、人生の最期には、億万長者も道路清掃人のとなりに埋葬されます。わたしたちはみな、ちりになるのです。だから、楽しみましょう。

「偉大な小説を書く人はあまりいません」と、アメリカのジャーナリスト、ミニヨン・マクローリンはいいました。**「でも、わたしたちのだれもがそれらを生きることができます」**

30 仕事と生活のバランスを尊重する

大成功をめざすのはおかしい、と思っている人が多すぎます。利益のあがる業績をけなす人が多すぎます。目標を設定し、その実現に没頭している敏腕家を冷笑する人が多すぎます。

このごろよく、成功をめざして躍起になっているのだったら、影響をおよぼすことや意義のある存在でいることには関心がないにちがいない、という意見を耳にします。まるで、敏腕であることは、思いやりがあって、社会的責任に敏感で、善良な人間とは矛盾するかのようです。ナンセンスでしょう。

「成功対意義ぶかさ」の問題に関して、わたしの意見を述べます。非凡な人生にはどちらもふくまれます。人生の本質はバランスです。成功がなければ、あなたの最良の部分はちょっとうつろな気分になるのではないでしょうか。

わたしたちを人間たらしめていることの一部には、自分たちの偉大な才能を理解し、充実した人生を送りたいという渇望があります。わたしたちは偉大になるようにできているのです。

大成功は、発揮された創造性が反映されたものにすぎません。価値のあることをすればするほど、あなたはもって生まれた創造性をさらに解き放っていることになります。成功は創造的な行為です。

仕事と生活のバランスを尊重する健全な気持ちとうまく調和させることができれば、成功は充足感への最善の道のひとつにもなります。なにか価値あることを成しとげたときほど気持ちがいいことはめったにない、ということに気づきました。有意義なことをすれば、しあわせがもたらされます。成功は歓喜を呼びさまします。なおかつ、意義ぶかさがなければ、わたしたちはむだに地球を歩いている気分になるだろうと思います。大きな貢献をしたと感じられないまま、成功だけ手にしても、心は虚しい気分になるでしょう。

ずばぬけた業績をあげる人になり、この世の中でめざましい成功者になるために必要な行動をとるのは、べつにわるいことではありません。

成功は健全な自尊心が反映されたものです。

でも、成功をめざすあいだに、ふれあった人たちの人生を高め、よりよい世の中にしてから立ち去ることをお勧めします。それは意義あることです。両方あれば、あなたは最高の人生を見つけられるでしょう。

習慣づくり

ポイント・メモ

31

自分が望むものを人に与える

将来に向けての大きな考えです。あなたが人生でどうしても再会したいと思っているものこそ、手放す必要があるものなのです。

やることなすことすべてをもっと褒めてもらって、いったいどうするつもりですか？　他人を褒める人になってください。燎原《りょうげん》の火のごとく、それをひろめるのです。

いちばん欲しいものを手放しましょう。そうすれば、まわりの人の心に余裕ができて、褒めたたえてくれるはずです。

他人からもっと理解して欲しいですか？　だったら、もっと理解するようになって、それを分け与えてください。

もっと忠誠心が欲しいですか？　だったら、あなたが知っているもっとも忠誠心のある人間になるのです。

もっと愛が欲しいですか？　だったら、もっと愛を与えましょう。

人生はあなたに勝利をおさめてほしいのです。ほとんどの人はまごついて、成功する機会を逃しているだけです。不安のいいなりになって、偉大さに到達できないのです。限界という鎖にしばられているのです。自分が自分自身の最悪の敵になってしまっています。

人生があなたに望んでいるすべてを手に入れるために、わたしが「ブーメラン効果」と呼んでいるものを適用してください。

帰ってこさせるために、いちばん欲しいものを手放すのです。あなたを待ちかまえているのは、すばらしい人生でしょう。外に出て、試してみてください。

習慣づくり

ポイント・メモ

32

「お願いします《プリーズ》」を何度もいう

わたしはスターバックスでソイ・ラテを注文しました（ブラウン・シュガーを入れるのが好きです）。となりにいた女性が店員からコーヒーを受けとり、「トレイはある?」といいました。ぞんざいな口調でいったわけではありません、あまり丁重ではなかっただけです。わたしは考えてしまいました。

「お願いします」は、いったいどうなってしまったんだろう?

わたしにとって、「お願いします」は「わたしはあなたを尊重しています」という意味です。「ありがとう」は「とても感謝しています」という意味です。礼儀正しさは、まわりの人たちを気にかけていることを示す意味で効果的です。

フランキー・バーンの、「敬意は私服を着た愛です」ということばが好きです。

店でなにかを買ったり、レストランでなにかを注文したりしたとき、礼儀正しいことばをぜひ聞きたいと思うことはどれくらい頻繁にありますか?

真の成功は複雑なものではありません。結局は、つねに一連の基本をたどるということなのです。偉大さに到達する人びとは、長年にわたって基本的なことを実践しています――少しずつ、毎日毎日。べつにむずかしいことではありません。いくつかの重要なことに関して、日々ささやかに練習を積めばいいのです。でも、いずれ終わったとき、驚くべき結果があらわれます。

最高の人物は、たいていの人がすでに知っている、非凡な人生をまっとうするためにするべきことをしているだけです。そして、彼らはつねにそれをしています。そのなかの鍵となるひとつが、「お願いします」を何度もいうことです。

母親であろうと、父親であろうと、セールスパーソンであろうと、CEOであろうと、**礼儀正しさは非凡な人間になるための足がかりです。**彼らは相手に敬意をはらっていることを本気で示します。そう、礼儀正しさは常識《コモン・センス》なのです。でも、フランスの哲学者、ヴォルテールはかつて、「常識《コモン・センス》とはそんなに平凡《コモン》なものではない」といっています。

すべてわかりきったことならば、なぜほとんどの人はそれをしないのでしょう?

33

最善を期待しながら最悪にもそなえる

『ミリオンダラー・ベイビー』は大好きな映画です。おおいに感動しました。忘れがたい映画です。多くの人生の教訓に満ちあふれているのですが、とりわけ、いまだに考えさせられるものがあります。

「わが身を守る」

わたしは超一流の楽天家だと思っています。信じられないくらいポジティブでいようと努めています。あらゆる状況のなかに、出会うすべての人のなかに、最善を見ようとしています。じっさい、人生に最善のものを期待しているのです。

でも、最悪にそなえてもいます。それは、わたしのなかでは筋が通っています。人生はおとぎ話ではありません。最善を期待しながら最悪にもそなえる、というのは、たやすいバランス技ではありません。でも、自分独自の偉大さに到達しようと努力しながら、それに取り組み、きちんと理解するのは大切なことだと思います。

　ですから、人びとをこよなく愛し、親切にしてあげてください。絶対に。自分を惜しみなくささげ、できるかぎり周囲の人びとを助けてあげましょう。かならず。出会ったときより、人びとを向上させてから立ち去るような特別な人間になるのです。

　でも、殉職者にはならないでください。殉職者で問題なのは、ほとんどの殉職者は火あぶりの刑に処されてしまうことです。

他人に親切で思いやりがあることと、自分自身に親切で思いやりがあることのバランスをとりましょう。

　あなたのエネルギーを与えて他人を元気づけることと、自分自身が元気でいるためにエネルギーを補給することのバランスをとってください。他人を愛することと自分を愛することのあいだで、微妙なバランスをとるのです。

　境界線をもうけましょう。自分の限界を知ってください。極端に走らないように。わが身を守るのです。

習慣づくり

34

日々、勤勉という種を蒔《ま》く

古いことばには真実が残されています。

「勤勉に働けば働くほど、ますます幸運に恵まれる」

人生はみずからを助ける者を助けます。わたしは個人的な体験からそのことを学びました。わたしは、〝すべては運命づけられている〟と信じるニューエイジ・タイプではありませんし、人生は見えざる手によってあらかじめ筋書きが決められているとも思っていません。そういった話には、〝犠牲者意識〟と不安が感じられます。失敗することへの不安。拒絶されることへの不安。親切になれないことへの不安。成功への不安。そういったことばには、個人的な責任感も欠落していて、たいていはゲームに参加するのを恐れる人たちから発せられます。

たしかに、思いがけないときに（そして、いちばん必要としているとき）効果を

習慣づくり

あらわす、自然の力というものはあると思います。でも、わたしは、たったひとつの理由で、われわれは自由意志と選択する力を与えられていると深く信じてもいます。それらを実践するためです。

一般的には、われわれは人生に与えたものを人生から受けとる、と思います。努力、鍛錬、個人的・職業的な偉大さがもとめる——いや、必要不可欠な——犠牲をいとわない人たちにいいことが起きる、と信じています。行動には結果がともない、いいことをすればするほど——古きよき勤勉な労働をとおして——成功の数も増える、ということもわかりました。**人生はひたむきな人びとに味方するのです。**

わたしがリーダーシップのコーチとしてともに仕事をしたことがある大成功した人たちで、まわりのだれよりも熱心に仕事をせずにそこに到達した人はひとりもいません。ほかの人たちが家でテレビを見たり、寝たりしているあいだに、その偉大な人びと——世の中で名を成し、とてつもない価値を付加した人びと——は、朝はやく起きて、時間を有効に使い、生活を夢にささげていたのです。

といって、仕事と生活のバランスの大切さ、愛する人たちとすごす時間、精神生活を大事にすることを、一瞬たりとも否定しているわけではありません。わたしはまっさきにそういった価値のために立ちあがります。

つまり、驚くべき偉業の裏にはつねに驚くべき努力がひそんでいる、ということです。自然の法則にすぎませんし、それはもう千年も変わっていません。アメリカの地域電話会社ヴェリゾン・ワイヤレスの会長兼CEOであるアイヴァン・サイデンバーグは、こういっています。

「わたしの最初のボス――彼はビルの管理人で、わたしは掃除夫でした――は、わたしが床を掃き、壁を洗うのをほぼ一年のあいだ観察したあとで、この電話会社で職に就くなら、大学の授業料をもらうこともできる、といいました。どうしてそんなに長く待ったのかときいたら、彼はこういったのです。〝きみにそれだけの価値があるかどうかを確かめたかったんだ〟」

タイム・ワーナーのCEOであるディック・パーソンズは、かつて、いままでに受けた最高の忠告は祖母からのものだったといいました。祖母は彼に、「**蒔いた種に応じて刈り入れなければならない**」といったのです。

ですから、自分の種を蒔いてください。自分のすることに熟達するのです。情熱をあらわにし、心を完全に支配しましょう。そして、勤勉に働くのです。心の底から勤勉に。

勤勉な労働は数々の扉をひらいてくれ、あなたが最高で最善のもののために遺憾なく才能を発揮する、数少ない――そして特別な――人間のひとりに本気でなろうとしていることを世界に示してくれます。

習慣づくり

ポイント・メモ

35

しあわせになることを選ぶ

喜びはすばらしいものです。でも、長続きしません。喜びは五感からやってきます。おいしい食事、美味なワイン、新しい車。そういったものがよくないわけではありません――人生の経験をよりよいものにしてくれます。でも、そういったものはうつろいやすいのです。

しあわせは喜びとはちがいます。しあわせは喜びのＤＮＡなのです。簡単にいうと、喜びは外側のなにかからもたらされます。

しあわせは内側からやってきます。それは、あなたが選択によってつくりだす状態です。決意です。意志の行為です。

おおいなる苦痛と逆境に耐えているときでも、人はしあわせになれます。外の世界に喜びがないのは明らかなのに、彼らは内面で満足しています。

逆にいえば、多くの人が喜びにかこまれていますが（速い車、すばらしい家、りっぱな服）、内面にしあわせはありません。

ですから、しあわせになることを選んでください。外側の人生をコントロールすることはできません。つらいことも起きるでしょう。

でも、内側で起きることはコントロールできます。それをする人が、偉大な人間になれるのです。

習慣づくり

ポイント・メモ

36

生きることをもっと楽しむ

楽しくなければ、なにかをする意味があるのでしょうか？

人生は短すぎるから、いつもみじめな気分でいるわけにはいきません。最高の組織は楽しいところです。たしかに、商品に関して、彼らは高い実績、たゆみのないイノベーション、すばらしい出来ばえをもとめます。でも、彼らは楽しみも推進しています。

職場でしあわせな気分でいられれば——そして、笑っていられれば——協調性、創造性、責任感がうながされます。楽しむことができる企業は長続きします。

そして、楽しいことは最終結果にとってもいいことなのです。というのも、人は仕事好きな人と仕事をするのが好きなのですから。

習慣づくり

さて、あなたの私生活について話しましょう。楽しんでいますか？　二十代、三十代のころ、わたしはまじめでした。ミスター・まじめ。「人生の目的とは目的のある人生を送ること」が、わたしを駆りたてる信念でした。世界を変えたかったし、奉仕的《サーバント》リーダーシップがいちばんの目的でした。勤勉に働き、ほとんど遊びませんでした。楽しむことの価値に「なるほど」と思えるようになったのは、人生の旅を重ねてきた最近になってからです。

いまはちがいます。相変わらず山頂に目を向けていますが、以前よりはるかに登る楽しみに心を集中するようになりました。いつも子どもたちといっしょにばかなまねをしています。友人とスキーに行きます。数週間前にロンドンにいたときは、ビジネスの旅に一日追加して、アート・ギャラリーを訪れました。楽しい時をすごしていると、人生はずっといいものになるからです。そして、喜びもさらに増します。

37

愛する人との時間をつくる

人生が終わるとき、もっとお金を稼がなかったことを悔やむ人はほとんどいません。そんなことがあるはずがありません。

心の底から悔やむのは、訪れていない土地、はぐくめなかった友情、冒さなかった危険、愛する人たちといっしょにしなかったことです。

ここでどうしても強調しておきたいことがあります。わが子たちといっしょに時間をすごしてください。

わたしは自分のすることが大好きです。そう、まずは飛行機（いまだに、離陸するたびに子どものような気分になります）。洗練された場所で催される大きなイベント。あらゆる職業についている興味ぶかい人たちとのすばらしい会話。わたしのメッセージを必要としている人たちに話をする数々の機会。

習慣づくり

でも、わたしにとって、すばらしい父親でいることほど重要なことはありません。ほんとうに、それ以上のものはないのです。

わたしがいっしょに仕事をしていた管理職のなかには、山頂をきわめたのに、そこにいたるまでにいちばん大切なものを失ったことに気づいた人が多すぎます。

自分のことをいちばん愛してくれる人たちをついおろそかにしてしまうのは、人間の本性です。それがいいことといっているわけではありません――そういうものだ、といっているのです。本性に抵抗し、家族に対して大きな感謝の念を抱かなくてはいけません。失ってはじめて（離婚や死別で）、ありがたみに気づくような人間にならないでください。わたしは、そういうことをいやというほど見てきました。世界中の人びとに。

あと三十分だけ生きられるとしたら、あなたは電話に手を伸ばし、いちばん親しい人たちにどんなに愛しているかを伝えるでしょう。それから走って家に帰り、嘘いつわりなく、感じている愛について正直に話すでしょう。

9・11の悲劇について、考えてみてください。高層ビルに閉じこめられた人たちがかけた携帯電話のことは、いまでも忘れられません。心が痛みます。

お忙しいのはわかっています。することは山ほどあるでしょう。行かなければならない場所、会わなければならない人びと。でも、ちょっとだけ時間をつくって、いまここで電話をかけてください。わが子たちに、どんなに気にかけているかを伝えるのです。妻、夫、母親、父親、きょうだい、親友たちに、どう感じているかを伝えるのです。後悔はしないでしょう。きっと。

ポイント・メモ

習慣づくり

38

子どもたちに毎晩聞かせたい四つのことば

わたしがコーチしているクライアントのなかには、トロントのわれわれのオフィスに近い小さな空港まで自家用ジェット機を飛ばし、朝いちばんのミーティングにあらわれて、こんなことをいう人もいます。

「ロビン、みんなから高い評価をもらっているだけじゃなく、将来にわたって必要な金はあるし、世界のあちこちに何軒も家をもっている。でも、とんでもなく不幸なんだ」

わたしは理由をききます。

「ビジネスを大きくしているあいだに、妻はわたしをおいていなくなってしまったし、子どもたちはわたしのことをわかってすらいない……心がはりさけそうだ」

だいたい、そういう答えが返ってきます。

健康とともに、あなたの家族を最優先事項にしてください。家族は大切です。夢を実現したけれどひとりぼっち、では意味がありません。それに、すばらしい親でいることより重要なことは少ないのです。

子どもたちは信じられないくらいはやく成長します。瞬いたかと思うと、もういなくなっています――独立して自分たちの生活を送っています。娘が生まれるのを見たのは、わずか一、二年前のような気がします。彼女はいま九歳で、自由な時間の大半を、親友のマックス（絶対にしつけを教えこまなければならないコッカー・スパニエル）といっしょに遊んですごしています。

まるまるした頰の息子がベビー・カーに乗り、赤ん坊らしい声をあげていたのは、ついきのうのような気がします。彼はいま十一歳で、わたしより熱心に本を読み、将来のビジョンを語ってくれます（ベンチャー・ビジネスの投資家になりたいそうです）。

たしかに、あまりにはやい子どもたちの成長を見守るのは、ちょっと悲しい気分です。彼らに絶えず愛情をそそぎ、惜しみなく時間をさくくらいしかできないのはわかっています（わが子たちは、つねにわたしの最優先事項です）。

親としてのとてつもなく重要な役割のなかで輝くために、いくつかのアイディアがあります。

＊みずから手本となる

あなたの子どもたちに影響を与える最良の方法は、約束を守ることです。あなたが見たいと思っている振るまいを示してみせましょう。読書や勉強の美徳を説いたあとで、居間へ行ってMTVを三時間も見たりしてはいけません。小さな目は、あなたのすることをすべて見ています。わたしはそのことをべつの著書『Family Wisdom from the Monk Who Sold His Ferrari（フェラーリを売った僧侶に学ぶ家族の英知）』のなかで書きました。家庭で若きリーダーを育てるとき、とても役に立つ本です。

＊子どもたちを育成する

自分自身を子どもたちのたんなる親ではなく、〝育成者〟と見なしてください。子どもたちの知性、心、魂を積極的に育成するのは大切なことです。それはあなたの仕事です。彼らを偉大な芸術にふれさせてください。おもしろいレストランにつれていきましょう。ユニークな考えを生みだす、すばらしい人たちに紹介してあげるのです。ジョン・F・ケネディの父親はすこぶる興味ぶかい人たちをしばしば夕食に招待しました。食事のあいだ、ケネディ家の子どもたちはゲストからいろいろ学びました――そして、学んだことを深めるために、ゲストをあれこれ質問攻めにしたのです。賢い実践法でしょう。

＊子どもたちを奮い立たせる

将来に向けての大きな考え。親はわが子に、世の中をどう見るかを教えます。世の中がどう機能するかを見せてやります。あなたが世の中には限界があると思っているなら、あなたが育てている小さな子どもたちもそう思うようになるでしょう。あなたの不安を子どもたちに悟られないようにしてください。子どもたちには、可能なことを教えましょう。彼らを奮い立たせ、世の中を向上させる偉大な人間になってもらうのです――彼らなりの特別な方法で。彼らを助けて、成しとげさせるのです。

わが家で実践している手段があります。毎晩、子どもたちが寝る前に、わたしは四つのことばを聞かせます。

習慣づくり

1「大人になったら、なんでも好きなことができるようになるよ」
2「けっしてあきらめてはいけない」
3「なにをするにしても、きちんとやるんだ」
4「パパがきみたちをどんなに愛しているかを忘れないでほしい」

四年間、毎晩、それをしています。ふたりはたびたび、

「パパ、もうみんなわかってるよ。あきらめちゃいけないことも、パパがどんなにわたしたちを愛しているかも知ってる。もう飽きてきたな」

といいます。でも、いつの日か、おそらくわたしが年老いて、しわだらけになったころ、地球上でいちばん好きなふたり、コルビー（息子）かビアンカ（娘）から、一通の手紙がとどくような気がします。そして、便箋には、シンプルなことばが書かれているでしょう。

「パパ、わたしはすばらしい生活を送っています。父親でいてくれて、ありがとう。それから、毎晩、あの四つのことばをありがとう。ずいぶん影響されました」

ポイント・メモ

行動意欲 39 〜 48

「ぬるい生き方」から情熱の横溢《おういつ》へ

世界の歴史における偉大ですぐれたあらゆる動きは、熱意が勝利した結果である。

（ラルフ・ウォルドー・エマソン／思想家・詩人）

いまから二十年後、あなたはしたことより、しなかったことにもっと失望しているでしょう。

（マーク・トウェイン／作家）

39

とてつもない熱意をもつ

「熱意をもちなさい」には、わかりきっているという感じがあります。

「エネルギッシュになりなさい」には、陳腐な響きがあります。

「情熱的になりなさい」は退屈そうです。

でも、熱意、エネルギー、情熱がなければ、自分の領域で指導することはできませんし、組織は超一流になれません（いいですか、わたしはリーダーシップに関することはロケット科学だといっているわけではありません）。

ラルフ・ウォルドー・エマソンは、かつてこういいました。


「世界の歴史における偉大ですぐれたあらゆる動きは、熱意が勝利した結果である」

行動意欲

そして、「青春の詩」という詩を書いた詩人のサミュエル・ウルマンはこう述べています。

「人間はたんに年齢を重ねて老いるのではありません。理想を捨てることで老いるのです。歳月は肌にしわを刻むかもしれませんが、情熱をなくすと魂はしわだらけになります」

熱意は大切なのです。

わたしがぜひ近くにいてほしい人びとは、たいてい控えめで誠意あふれる性格です。熱意に満ちています。とてつもなく。人生に寛容です。好奇心が旺盛です。学ぶことが大好きです。わたしに会うとにっこり笑ってくれます。そして、おおいに楽しんでいます。がむしゃらにやるか、まったくやらないか。

きょう、心からの熱意をたずさえて職場へ行ってください。とんでもなくエネルギッシュになって、これでもかというほど生きいきしてください。人びとのなかに最良のものを見てください。一見、失敗に思えるもののなかに、学びと個人的な進化のチャンスを見つけるのです。成長するいい機会だと思って、変化を受け入れましょう。仲間といっしょに笑ってください。愛する人たちに、大好きだといいましょう。情熱をひろめるのです。

日々、わが身に降りかかってくることはコントロールできない、という意見には真っ先に同意します。でも、ありあまるほどの熱意があれば、きたるべき時がなにをもたらそうと、あなたは優雅に、力強く、笑顔で対処できるにちがいありません。

ポイント・メモ

40

ひとつのことに焦点を合わせる

先日、だれかが、ジョン・ボン・ジョヴィはわたしの著書のファンであると教えてくれました。興味ぶかいことです。わたしはつねに彼の情熱と音楽を高く評価してきました。

けさは彼が、

「世界がおれをいらだたせたら、こういってやろう、いい一日をって」

と歌っているのを聴きました。ボン・ジョヴィと彼の長いキャリア、なぜこれだけ長いあいだ順調なのかについて、考えさせられました。

手に入れたいものに焦点を合わせると大きなパワーが生まれます。じつにあたりまえの意見のようですが、ほとんどの人は見逃しています。夢は実現するのです。非凡と呼ばれているところに到達できます。想像したこともないくらい深い愛が見つかるでしょう。とてつもない活気と永遠の充足感が実感できるのです。でも、焦点を合わせなければなりません。

すべてをやろうとする人はなにも成しとげられません。ほとんどの人は八方美人にふるまおうとします。そして、だれにも相手にされなくなるのです。

孔子《こうし》はみごとに看破しています。

「二兎を追う者は一兎をも得ず」

おおいに役立つ考えです。

あなたが焦点を合わせるものは成長します。集中するものは、人生においてまた出会うものです。

そのことについて考えてください。金融に精通することに焦点を合わせれば、あなたの経済生活は改善されるでしょう。もっと愛することに焦点を合わせれば、あなたの人間関係は向上するでしょう。運動やみごとなダイエットをして身体的な面に焦点を合わせれば、あなたの健康は上向くでしょう。

焦点を合わせる。焦点を合わせる。焦点を合わせる。

選り抜きの人たちはそれを実行しています。いちばん「しなければならないこと」に、ひたすら集中しているのです。すぐれた才能をばらまくのではなく、自分のことだけに専念しています。

数カ月前、わたしはある億万長者のクライアントと食事をしました。そのとき、なにをしてそこまで金融に精通したのか、ひとつだけ教えてください、ときいたのです。

「その目標をたったひとつの基準点にしたのです」

という答えが即座に返ってきました。

行動意欲

ジョン・ボン・ジョヴィに話をもどしましょう。わたしにいえるかぎりでは、彼がいまだに現役で大活躍しているのは、自分の音楽がどんなものになるのか、どこへ導けるのかをわかっていて、その使命に焦点を合わせつづけているからでしょう。

彼にもつらい時期はあったようです（おたがいさまです）。でも、彼はあきらめませんでした。犠牲者を演じなかったのです。相変わらず順調に道をすすんでいます。ファンと自分自身に誠実でありつづけているのです。

41

失敗を恐れない

わたしはたいていの人より失敗します。いつも失敗しています。ビジネスでしくじってきました。人間関係でもそうです。人生でも。どうしてこうなるのだろう、と思ったものでした。「かわいそうなわたし」を演じて、いつもはてしない被害者意識にさいなまれていました。

でも、いまはわかっています。おぼつかない足どりながらも、わたしは最高の人生をめざしているのです。失敗は偉大さの対価です。失敗は大成功の必須要素です。プロダクト・デザイナーで、イノベーションの権威であるデイヴィッド・ケリーは、「**失敗の回数が増えれば、それだけ成功がはやくなる**」と書いています。

安全地帯をはなれ、予測されるリスクをとらなければ、勝利をおさめることはできません。リスクがなければ、報酬はありません。夢を追いかけているときにリスクをとればとるほど、失敗の回数は増えます。

あまりに多くの人が、わたしが「既知の安全港」と呼んでいるところで暮らしています。二十年間、おなじ朝食をとる。二十年間、車でおなじ道を通って職場に向かう。二十年間、おなじ会話をする。二十年間、おなじ思考をする。生活のそういったことに関して、わたしはとくに意見はありません。それで満足しているのであれば、それはそれでいいでしょう。

でも、そんなふうに暮らして満足している人はひとりも知りません。ずっといままでとおなじことを続けていれば、いままでとおなじものしか手に入れられないのです。

おなじことをしていながら違う結果を期待することを、アインシュタインはとんでもない愚かしさと定義しました。でも、ほとんどの人がそのような人生を送っています。真の喜びは、積極的に関心をもち、ある程度の危険を冒したときにもたらされるのです。そう、あなたはさらなる失敗を体験しはじめるでしょう。でも、いいですか、それだけ成功する回数も増えるのです。

失敗は超一流になるプロセスの一部にすぎません。

行動意欲

「失敗は優秀の証《あかし》」

マネージメント・コンサルタントのトム・ピーターズはそういいました。

地球上で最高の企業は、並みの企業より多くの失敗をしています。地球上でもっとも成功した人びとは、ふつうの人より多くの失敗をしています。わたしにとって唯一の失敗とは、試みなかったこと、夢を見なかったこと、挑戦しなかったことです。真のリスクはリスクのない生活にひそんでいます。

マーク・トウェインはみごとに強調しています。

「いまから二十年後、あなたはしたことより、しなかったことにもっと失望しているでしょう」

ですから、思いきってやり、きょうという日を有効に使ってください。お気に入りのレストランでいちばんいい席を頼んでみましょう。つぎに飛行機に乗るときは、アップグレードをお願いしてみるのです（幸運を祈ります）。職場の同僚にさらなる理解をもとめてください。家にいる最愛の人にもっと愛をもとめるのです。実行してください。やってみるのです。いいですか、参加しなければゲームに勝つことはできません。

行動意欲

42 あきらめない

　書斎にすわって書きながら、コーヒーを飲んで、考えています。空想にふけっているわけではありません。時間を浪費しているのでもありません。悩んでもいません。ただ考えているのです。わたしの最高の習慣のひとつです。たいてい、使命感をもち、それに忠実であることの大切さについて考えています。なまやさしい思索ではありません。

　夢を大きくもてばもつほど、障害が増えることに気づきました。わたしの人生の使命は、きわめて単純です。人間が非凡な存在になり、組織が超一流になるのをお手伝いしたいのです。その夢をかなえ、この世界をよりよいものにするために、自分の役割をはたすだけの情熱があります。これはわたしにとってたんなるビジネスではありません、天職なのです。でも、高いところをめざせば、それだけ多く試されます。どこかで聞いたおぼえがありますか？

でも、チャレンジはいいことです。わたしたちはそれを通じて成長します。わたしたちはほとんど危険にかこまれて生きているのです。偉大な綱渡り曲芸師、パパ・ワレンダはみごとに表現しています。

「綱渡りこそが人生。あとはすべてが待ち時間だ」

もっとも賢い人間——真のリーダーたち——は、逆境にあっても笑顔をたやしません。彼らは人生がおおいなる夢想家たち——情熱的な革命家たち——を試すことをわかっています。淘汰のプロセスのようなものです。強い（そして最高の）者だけが、心の詩を生きる機会を手にすることができます。

わたしはアマゾン・コムの創業者、ジェフ・ベゾスがかつていったことばが大好きです。

「失敗しても後悔しないのはわかっていたが、たったひとつ後悔していたかもしれないのは、試さないことだ」

だから、わたしは抵抗に出会っても突破するでしょう。夢を見つづけます。メッセージに取り組み、しっかりと使命をはたすでしょう。というのも、この世界は夢想家——あなたとわたし——のものだからです。最終的に勝っても負けても、影響をおよぼせるでしょう。わたしにはそれで十分です。

行動意欲

ポイント・メモ

43

月並みなものを辞退する

あなたはどのくらい大きな夢を見ますか？　どのくらい機敏に動きますか？　どのくらい絶え間なく革新していますか？

革新《イノベーション》と、〝とてつもなくすばらしい〟製品を献身的に世界に提供しているという話題になると、わたしはアップル社を思い浮かべます。

ついこのまえ、娘にiPodを買ってやりました。彼女は驚くほど根気よく店員にきいていました。賢い子です。なにせ、ずらりとならんだiPodのなかから選ばなければならないのですから。「シャッフル」、信じられないほど洗練された「ナノ」、「U2バージョン」のiPod。実績にあぐらをかくのではなく、アップルはつねにイノベーションを続け、よりよいものをつくろうとしています。

このまえの夜、わたしは青年社長会でスピーチをしました。リーダーシップと、

行動意欲

最高のものがどのようにしてさらに向上するかについて話したのです。いくつかのシンプルな変化と軌道修正で、企業がいかに驚くほどの成功をおさめられるかも話しました。ひとりの若い起業家がわたしのところへやってきて、話しかけてきました。わたしは彼に、勝つために学んだ最高のアイディアをききました。

「つねに限界にいどむことです」と、彼は答えました。

たしかに、リーダー（職場でも、家庭でも、コミュニティでも）でありつづけるのは孤独な行為です。リーダーでありつづけることの定義は、前線に立つということです――ほかにだれもいません。人があまり通っていない道をすすむわけです。他人を非難し、自分に責任はないというのが好きな世の中で、結果に関して責任をとらなければなりません。ほかのだれも夢見ていないことに、可能性を見つけるのです。世の習いに挑戦するわけです。

あなたが群れのなかにいるなら、ほかのみんなとおなじように考えて行動していたら、リーダーにはなれません。追随者になってしまいます。それではおもしろくないでしょう。

ですから、限界にいどんでください。ちょっとでも月並みに近いものは辞退するのです。あなたを平凡にしばりつけている鎖を解き放ちましょう。そして、きっぱりと群れをはなれるのです。大勢の人のあとについていけば、行きつく先は出口しかありません。

できるかぎり最高をめざしてください。長所を伸ばすのです。とてつもなく革新的になり、情熱をむきだしにしましょう。変わり者、変人、正気ではない、といわれるかもしれません。

でも、いいですか、**すべての偉大なリーダー（あるいは空想家や勇敢な思想家）は、最初は笑われていたのです。いま、彼らはあがめられています。**

ポイント・メモ

行動意欲

44

革新しつづける

真の革新者《イノベーター》はマントラをもっています。

「最良の敵は、良である」

彼らはつねに勇気をもってものごとを向上させようとしています。ほかの人が不可能と呼んでいるものを、見込みがあると見なします。彼らは想像力を糧に生きています——思い出ではありません。彼らは一般に受け入れられているものに挑戦するために生きています。なにごとも当然のことと決めてかかったりしません。限界を見ようとしません。彼らにとっては、すべてが可能なのです。

あなたがリーダーになりたいのであれば、シンプルな提案があります。革新しつづけてください。職場で革新してください。家庭で革新してください。人間関係で革新してください。自活するという点に関して、革新してください。世界を見るという点に関して、革新してください。

停滞は、死にはじめるということです。成長、進化、再創造が、人生をささえているのです。たしかに、怖いかもしれません。でも、小さな人生を送るより、怖いと感じるほうがいいのではないですか？

きのうとおなじ人間でいても安全ではありません。それはたんなる幻想にすぎず、あなたが人生の最期を迎えて、大胆に生きるチャンスを逸したことに気づくとき、あなたの心は悲しみに打ちひしがれるでしょう。永遠の充足感は、未知のなかにあります。わたしが子どものころ、父はよくこういったものです。

「ロビン、枝のうえは危ない。だが、いいか、息子よ――すべての果実はそこにあるのだ」

ほそい枝のうえで遊ぶには、革新しなければなりません。毎日。執拗に。

もちろん、革新して、自己満足という鎖にしばられることを拒めば拒むほど、失敗は増えるでしょう。あなたが負うあらゆるリスク、試みるすべてのことが、予定どおりにいくとはかぎらないでしょう。人生とはそういうものです。

失敗は成功にとって必要不可欠です。もっと手を伸ばせば、それだけ遠くまで届きます。とにかく、失敗は贈り物なのです。わたしにとって、失敗はとても役に立ちました。夢に近づけてくれ、もっと知識を身につけさせてくれ、さらにたくましくしてくれたので、わたしはかつてより心構えができています。成功と失敗は密接に関係しあっています。ビジネス・パートナーなのです。

行動意欲

大手製薬会社のグラクソ・スミスクラインの社是のひとつは、「混乱させる」です。すばらしい。通信機器メーカー、モトローラのＣＥＯであるエド・ザンダーのことばがよみがえります。

「成功の極みにあるときは、ビジネスを〝破壊〟しなさい。革新しない企業は生き延びられないから、鍵は、その革新を押しすすめることです。その教訓は、順調なときほどとりわけ重要になります。ふつうの人には信じられないでしょうが、成功している企業は、競争相手よりもっと革新的になる必要があります。子どもが〝お山の大将ごっこ〟をしているようなものです――だれもが山頂をねらっているのですから。革新をおこたるリーダーは、危険をいとわない人たちに取って代わられます」

だから、毎日職場へ行っても、きのうとおなじことをするのは拒みましょう。なぜなら、きのうしたのですから。考え直し、向上し、より望ましい存在になってください。思考をめざめさせるのです。限界に立ち向かいましょう。人並みになるのを拒んでください。最高のもののために戦うのです。やることすべてにおいて抜きんでるようにしましょう。いずれ、そうなります。あなたが思っているよりはやく。

ポイント・メモ

45

「これが人生最後の夜だったら？」と自問する

スティーヴ・ジョブズはおもしろい人物です。何人の人が、二十代の前半にガレージで十億ドル規模のビジネスを始めるでしょう？　何人の人が、三つの独立した産業でトップに立てるでしょう？

（音楽――iPodは音楽の配信法に革命を起こしました。映画――ピクサーは世界でもっとも成功したアニメーション・スタジオです。コンピュータ関係――アップルが魅力的なデザインと使いやすさに徹していることは伝説となっています）

大きな選択に直面すると、ジョブズはいつも忘れがたいことを自問します。

「これが人生最後の夜だったら、わたしはどうするだろう？」

その奥には力強い考え方がひそんでいます。彼はそのようにして妻と出会ったのです。

もう何年も前、彼はある大学で講演をしていました。彼女は聴衆のなかにいました。ジョブズは彼女にひとめ惚れをして、そのイベントのあとで接近したのです。彼女は電話番号を教えてくれました。彼はまさにその晩に彼女を食事にさそいたかったのですが、本に関する仕事の打ち合わせが入っていました。人生とはそんなものです。

車にもどるとき、彼はわたしが「スティーヴ・ジョブズの問い」と呼んでいるものを自問しました。

「これが人生最後の夜だったら、わたしはどうするだろう?」

あなたもわたしも彼の答えがわかっています。彼は講堂に駆けもどってその女性を見つけ、デートにさそいました。それ以来、ふたりはずっといっしょにいます。

だれもが実践的にならなければいけない。それはわかっています。あらゆる状況にジョブズの問いを応用できないのもわかります。でも、『3週間続ければ一生が変わる』で書いたように、自分の道徳とつながっていることはおおいなる英知の源です。ものごと全体の成り立ちのなかで、そう長くはここにいられないこと――あなたがいつまで生きるのであっても――を自覚するのは、情熱を発揮し、すすんでリスクを負い、人生というゲームに深くかかわれるすばらしい方法です。

人生の最後と結びつけて考える習慣を身につければ、いちばん大切なことにずっと心の焦点を合わせていられます。手遅れにならないうちに。

行動意欲

ポイント・メモ

46

人生から喜びを得るための四つの教訓

ビキニ環礁の海底都市ビキニ・タウンに住んでいる、四角くて黄色いスポンジ、「スポンジ・ボブ」は、わたしのヒーローです。けさ、子どもたちといっしょに朝食をとっているとき、九歳になる娘のビアンカが、このすてきな漫画のキャラクターの話題をもちだしました。

「パパ、スポンジ・ボブはほんとの人間なの?」

思わず笑ってしまいました。でも、すぐに考えたのです。スポンジ・ボブが人間だったら、この世の中はもっといい場所になるだろうな、と。まじめな話です。スポンジ・ボブが教えてくれる、人生からもっと喜びを得るための四つの教訓があります。

行動意欲

1　永遠の楽天家になる

あいつ（あるいは、あのスポンジと呼ぶべきでしょう）は、どんな状況でも最善のものを見ようとします。あなたの思考はあなたの本質をつくりあげます。スポンジ・ボブはいつも最善のものを探しもとめるので、それを見つけだすのです。

2　人びとを尊重する

スポンジ・ボブは友情とはなにかを知っています。ビキニ・タウンにいる友だちを愛しています。息子のことばを借りれば、〝いつも怒ってばかりいるイカルド・テンタクルス〟のことも。スポンジ・ボブは、しっかりした人間関係にとって、相手に敬意をはらって最優先するのがもっとも大切なふたつの要素であることを知っています。

3　独創的であれ

スポンジ・ボブはユニークな存在です。あまりに多くの人が、自分らしくふるまうことを恐れています。だから、夢をあきらめて、群衆のあとについていってしまうのです。まさに悲劇でしょう。

「とりわけ、おのれ自身には正直であれ」と、シェイクスピアは書きました。おのれ自身に正直になる――そして、もっとも偉大になる――勇気をもってください。

（バークシャー・ハサウェイ保険会社の経営者で、「オマハの賢人」と呼ばれている投資家のウォーレン・バフェットは、かつて、「ふたりのあなたは存在しえない」といいました）

4 笑って、楽しむ

成功しているけれど悲しい、というのでは意味がありません。理にかなっていません。そうです、山頂をめざしてください。でも、登る過程も楽しんでください。人生は試練の場ではありません。祝福すべき場なのです。ですから、いちばん大切な夢を追いもとめる――そして、つかまえるときは、おおいに楽しみましょう。

ポイント・メモ

行動意欲

47 胸をときめかす十項目リストをつくる

わたしがコーチをしている役員や起業家に効果覿面《てきめん》のシンプルなアイディアがあります。

いま以上にしあわせになりたかったら、あなたをしあわせにしてくれることをもっとやってください。

あたりまえ、と思われるのはわかっています――でも、そうではないのです。胸おどる子ども時代がすぎると、ほとんどの人は胸をときめかせてくれたことをやめてしまいます。

最近、クライアントのあるＣＥＯが話してくれました。若いころ、彼はひとりで自転車の遠乗りをするのが大好きだったそうです。

「子どもができて、仕事一辺倒になったら、やめてしまったんだ。生活がますます忙しくなってね。でも、自転車を乗りまわしていたあのころが、人生でいちばん楽しかった時代だな」

驚くべき成功をおさめているべつの起業家のクライアントは、ロック・バンドでドラムをたたくことに情熱をかたむけていたと告白してくれました。

「すばらしい時代でしたね。そのうち事業を始めたら、どんどん消耗するいっぽうでした。音楽をやれなくなって、さみしいですね。当時は夢中でしたから」

あなたには「やるべきこと」があります。

最高の情熱をそそぎこんだ十項目のリストをつくりましょう。あなたの胸を喜びでときめかせ、人生はいかにすばらしいものになりうるかを気づかせてくれた、十の行動です。

つぎに、きたるべき十週間、そういった楽しみのひとつを週間スケジュールに組みこんでください。説得力のある考え方をしましょう。スケジュールに組みこまれたことは、やるべきことです。スケジュールに組みこまれるまで、それはコンセプトにすぎません――そして、非凡な人びとはコンセプトにもとづいてすばらしい人生をきずきあげたりはしません。彼らは、行動し、可能なことをほぼ完璧に実行して、偉大さをきずきあげます。ものごとを成しとげるのです。

この十週間プロジェクトは効果があります。気持ちを奮い立たせ、高揚させてくれたことを再開すると、失っていたのかもしれないしあわせな状態にふたたびつながることができます。

人生の目的のひとつは、しあわせになることです。

ほんとうの意味でのしあわせに。

行動意欲

ポイント・メモ

48

目標を設定するべき六つの理由

なにを考えているかわかります。

「ロビン、新しくて、独創的で、意欲をかきたてる話題にしてくれませんか。どうして、目標のことなんか書いているんですか？　そんなことはわかってます。退屈ですよ！」

成功をめざす習慣のなかで、しっかり定めた目標を明確にして、日々それらを見直すことほど重要なことはあまりありません。目標を設定し、つねにそれらを考える名人になることは、偉大な人生には不可欠なのです。

にもかかわらず、どうでしょう？　ほとんどの人は、そのことに年に一時間もかけていません。

ほんとうです。みんな、人生設計をするより、夏休みの計画に多くの時間をさいています。

わたしが思うに、目標を設定しなければならない六つの理由があります。集中、成長、意図、測定、緊密な結びつき、インスピレーションです。

1 集中

あなたが焦点を合わすところにエネルギーが流れます。わたしはビジネスの分野で真に秀でた人びとのコーチをしていることをとてもありがたく感じています。億万長者、著名な起業家、実業界の有力者。彼らの偉大さのきわだった特徴のひとつは、焦点を合わすことです。

彼らは〝きわめて重要な数少ないこと〟、ことばを換えれば、非凡さに到達するために必要な鍵となる目標を知っています。そのうえで、必死でそれらに焦点を合わすのです。目標をもてば焦点を合わせられます。シンプルながら、効果的なアイディアなのです。

2 成長

目標を設定すると、個人の成長がうながされます。目標に到達することの真の価値は、得られた結果にあらわれるのではなく、目標に向かうことであなたを人間として成長させた過程のなかにあるのです。

3 意図

偶然の人生を送り、日々をぼんやりとすごすのは簡単です。あなたが人生に対して行動を起こさないと、人生のほうからあなたに行動を起こしてきます。目標を明確にして、毎朝五分、それらを見直せば、人生に影響力をおよぼし、受け身ではなく建設的に生きていくことができます。目標を設定すれば、よりよい選択に駆りたててくれる枠組みや、分割表を用いて判別結果をまとめる決定行列《ディシジョン・マトリックス》が手に入ります。計画からはずれれば、ものの数秒でわかるでしょう。ミスが少なくなり、短時間で多くのことができるようになります。

ノーベル賞作家のソール・ベロウはこういっています。

「計画は選択という苦痛から解放してくれる」

4 測定

わたしたちの企業クライアントのひとつに、イスラエルの航空会社、エルアル航空があります。このまえ訪問したとき、ＣＥＯのエイモス・シャピロは、テルアヴィヴのみごとな空港を案内してくれました。会議室のひとつはスタッフが使用中で、壁にはくしゃくしゃの紙に書かれたメッセージが貼ってありました。

「測定できることは改善できる」

すばらしい考えです。目標を設定すると、測定できるものが手に入ります。身体的な目標が体脂肪を十二パーセント減らすことであれば、進歩を測定する基準ができるわけです。目標をはっきり自覚できれば、よりよい選択ができます。よりよい選択ができれば、よりよい結果が得られるでしょう。

5 緊密な結びつき

〝成功の秘訣〟のひとつをお教えしましょう。日々の行動を確実なものにすることは、あなたの真価と緊密に結びついています。べつの表現をしてみましょう。なにかにかかわっても、それが信念と一致していなければしあわせにはなれません。それが誠実というものではないでしょうか？

スケジュールに、あなたの価値と信じていることを確実に反映させてください。あなたのもっとも重要な価値と緊密に結びついた明確な目標を設定することは、個人的な偉大さに到達するすばらしい方法なのです。

6 インスピレーション

目標はあなたの日々を活気づけます。真っ白な紙にはっきりと目標を書きつければ、まったく新しい人生を送れる可能性に足を踏み入れることになります。

目標を設定することは、平凡であることを拒む意志表明なのです。

目標を設定することは、最高の人生を送るための大胆な方法です。

目標を設定することは英雄的行為です。なぜなら、あなたは自分のなかに授けられた可能性に手を伸ばしているのですから。

マーク・トウェインはこう書いています。

「みんなが自分自身に満足していたら、英雄など存在しないだろう」

自己変革 49〜57

「愚痴グセ」から「好きな自分」へ

成功とは、競争相手に価値を決めてもらうことではない。そうではなく、自分が大切にしている視点にもとづいて自分自身の価値を決めなければならない。

（トム・チャペル／「トムズ・オブ・メイン」創業者）

成功ほど失敗しやすいものはないんだ。

（リチャード・カリオン／大手銀行のCEO）

49

日々、集中する

ときどき、メディアはわたしのことをリーダーシップ（あるいは自助）の「権威《グル》」と呼びます。

そんなことはありません。わたしはごくふつうの人間で、多くの人びとが最高の人生にたどりつき、多くの組織が超一流の存在になるのをお手伝いできるアイディアや手段をたまたま学んだにすぎません。

でも、はっきりさせておかなければならないでしょう。わたしはみなさんとなんら変わらないのです。希望、目標、夢とおなじように、苦労、挫折《ざせつ》、心配があります。いい時期もあれば、とてもつらい時期もありました。みごとな選択をしたこともありますし、とんでもない大失敗を犯したこともあります。わたしはきわめて人間的で、未完成品なのです。みなさんがわたしは洞察力に満ちていると思われるのなら、それは、みなさんがこれから知ろうとしていることに日々集中しているからにすぎない、ということをわかってください。

人間として最高の人生を送り、偉大さに到達するのをお手伝いする実践的な方法について、いつもじっくり考えているのです。どうしたら企業がすばらしくなれるお手伝いができるか、と思い悩んでいます。

なんでも長いあいだやっていれば、それに関するある程度の洞察力と理解を得ることができます。そうなれば、みんなはあなたを「権威」と呼ぶでしょう。

ＩＴ産業が盛んな、インドのバンガロールの書店でサイン会をしていたとき、わたしが、「わたしは権威ではありません」といったのを、ある男性が聞きつけました。

彼はわたしのところへやってきて、

「どうして権威《グル》と呼ばれるときまりが悪いのですか？　〝グ（gu）〟というのは、サンスクリット語で〝暗闇〟のことで、〝ル（ru）〟は〝追いはらう〟という意味にすぎません。だから、〝権威〟というのは、たんに暗闇を追いはらい、さらなる理解と光をもたらす人のことなのです」

といいました。なかなかいい暗示です。考えてしまいました。

権威と呼ばれてきまりが悪いのは、みなさんと違うと思われてしまえば、つぎのようにいわれるかもしれないからでしょう。

「まあ、ロビンが話しているようにできないのは、彼には才能と能力があって、わたしにはないからだな。彼がいっていることはすべて、彼にとってはわけもないんだ。なんといっても、権威なんだから」

がっかりさせて申し訳ないのですが、そんなことはありません。わたしは日々、最善をつくすべく勤勉に働き、ふたりのすばらしいわが子たちが誇りにできるようなシングル・ファーザーになろうと努力し、なんとかしてみなさんの人生に影響を与えたいと願っているひとりの男にすぎません。権威ではないのです。

でも、〝暗闇を追いはらう〟という暗示は気に入っています。その点について、もっと学ぶ必要があるでしょう。どこかの「権威」が、わたしに力を貸してくれるかもしれません。

50 〝ごくわずかなチャンス〟をつかむ

わたしはいつもきちんと成しとげることができません（権威ではない、といったはずです）。でも、有言実行を心がけ、わたしのビデオとオーディオが確実につながるように必死にがんばっていることをわかってください。それでも、人間ですから、ときにはすべってころぶこともあります（いままで、完璧な人間にはお目にかかったことがありません）。わたしがいいたいのは、こういうことです。

わたしは多くの時間をついやして、愛読者や、個人と組織におけるリーダーシップに関するワークショップの参加者をはげまし、〝自分の恐怖に向かって走り〟、目の前にあらわれる〝ごくわずかなチャンス（機会）〟をつかむようにいっています。わたしはクライアントたちに、夢を見て、輝いて、勇気をもつようにうながします。

というのも、わたしにとって人生をまっとうするというのは、自分のなかの最高で最良なものを手に入れようとすることに他ならないからです。

そしてわたしが思うに、もっとも経験豊富な人物が勝利をおさめます。たいていの場合、わたしは恐ろしい場所へも行きますし、愉快ではないこともします。でも、最近はそうではなくなっていました。残念ながら。

わたしはトロントのダウンタウンにあるフォー・シーズンズ・ホテルのロビーで、アドヴァンスド・メディカル・オプティックスという企業でおこなうスピーチの準備をしていました。わたしたちが長年にわたってリーダーシップのコーチをしている、とてもりっぱな組織です。

わたしが顔をあげたとき、そこにだれがいたと思います？　ハーヴェイ・カイテルです。そう、『レザボア・ドッグス』（一九九一）などで有名な大物俳優、ハーヴェイ・カイテルがいたのです。さて、『3週間続ければ一生が変わる』を書いた男はどうしたでしょう？　相手の偉大さに縮みあがってしまったのです。

なぜ立ちあがり、彼のもとへ行って、あらたな友人をつくらなかったのか、いまだにわかりません。野球界の伝説的人物、ピート・ローズとシカゴ空港で出会ったときはそうしたのです（結局、フェニックスまでずっととなりの席ですごしました）。去年の夏、ローマのホテルのロビーで、世界有数の投資家のひとり、ヘンリー・クラヴィスと出会ったときもそうしました（わたしはふたりの子どもをつれていたのですが、十一歳になる息子のコルビーは、彼のことをすごくかっこいいと思ったようです）。ボストンでエドワード・ケネディ上院議員を見かけたときもそうしました。カナダのノヴァ・スコシア州ハリファックスで育った子どものころ、ロック・ギターの達人、エディー・ヴァン・ヘイレンと会ったときもそうでした。

でも、ハーヴェイ・カイテルとは、知り合いになる機会を失ってしまったのです。**日々、人生はあなたにささやかな好機を送ってくれます。結局のところ、そういった好機にどう反応するかで、あなたの運命は決まるのです。そういった機会からあとずさってしまうと、あなたの人生はちっぽけなものになってしまうでしょう。おじけづきながらも、とにかく向かっていけば、あなたの人生は大きなものになります。**

人生は短すぎますから、ちっぽけにふるまっているひまはないのです。子どもたちといっしょにいても、彼らを育て、最高の潜在能力をひきだしてやれる機会はあまりありません。そして、無条件の愛がどんなものかを示してやれる機会も。好機という窓が閉じてしまったら、ふたたびあけることはきわめて困難です。

もういちどハーヴェイ・カイテルと出会えたら、わたしはかならず彼のもとへ駆けつけるでしょう。話を始めるまでは、彼はわたしを有名人の追っかけと思うかもしれません。でも、いったん話をしたら、真意をわかってくれるはずです。わたしは人生が与えてくれる贈り物を手にしようとしている男にすぎないのだ、と。

ポイント・メモ

51

自分のなかの「四つのF症候群」を自覚する

ほとんどの訓練と学習は長続きしません。ねばりが足りないのです。セミナーに出席して、生活を変えると誓います。もっといい親に、もっと能力のあるリーダーに、もっと賢い人間になるといいます。二日後、いつものように、また仕事に戻ります。ネガティブな面を見て、犠牲者を演じ、気むずかしくなってしまうのです。学習が功を奏さなかったのは、わたしたちが変わらなかったからです。

わたしは、何十万人という人たちが変化を長続きさせたり、世界中の企業がマーケットで勝利をおさめたりするお手伝いをしてきたので、人びとが変化に抵抗し、その機会があるときでも、経歴や人生を向上させるための手段を講じようとしない、四つのおもな理由をつきとめました。

その四つの要素――わたしは「四つのF症候群」と呼んでいます――をもっと自

覚すれば、よりよい選択ができるようになります。よりよい選択をすれば、確実によりよい結果が得られます。将来に向けての大きな提案です。個人的なリーダーシップが自己認識から始まるのは、自分の弱点や盲点を知らなければ、それらを改善できないからです。ことばを換えれば、もっとよく知れば、もっと向上できるということです。

以下が、わたしたちが望んでいる変化をさまたげている四つの要素です。

1 不安《フィア》

「既知の安全港」をはなれ、未知の世界にとびこむことに、人びとは不安をおぼえます。人間は確実性を強くもとめます——たとえそれに限界があるときでも。ほとんどの人は新しいなにかをやりたくありません——不安をもたらすので。

秘訣は、まさにあなたを怯《おび》えさせることをして、不安を克服するのです。それが不安をなくす最善の方法です。怖くなくなるまで、それをやってください。不安から逃げれば、追いかけてきます。思いのままにできない不安は、あなたを思いのままにするでしょう。でも、どんな不安という壁でも、その向こうには宝物があるのです。

自己変革

2 失敗《フェイラー》

だれも失敗したくありません。だから、ほとんどの人は試そうともしないのです。悲しいことです。健康を改善し、仕事上の関係を深め、夢を実現する第一歩を踏みだそうとすらしません。わたしにいわせれば、唯一の失敗は試そうとしない失敗です。あなたが冒す最大のリスクは、リスクをとらないことにちがいありません。

小さな一歩を踏みだし、すばやくやってください。スポーツ界のスーパースターであるマイケル・ジョーダンは、かつてこういいました。

「おれには不安なんていっさいなかったよ、失敗するという不安はね。ショットをミスしたからといって、それがどうしたというんだ?」

失敗は、成功するためには不可欠な要素です。失敗のない成功はありえません。

3 忘却《フォゲッティング》

いまにも世界を変えてくれそうなインスピレーションをもらったあとで、わたしたちはセミナーの部屋をあとにします。でも、翌日、オフィスにもどると、現実が始まるのです。あつかいにくい同僚。満足させるのがむずかしい顧客。譲歩しなければならない、要求の多い上司。非協力的な納入業者。個人および職業的リーダーシップのために誓ったことを実行する時間がありません。だから、忘れてしまいます。

成功の秘訣をお教えしましょう。誓ったことを最優先にしつづけるのです。そのあたりに意識を高めてください。よりよい意識をもてば、よりよい選択ができます。よりよい選択をすれば、よりよい結果が得られます。自分にした約束を、正面の中心におくのです。

けっして忘れないでください。それらを3×5インチのカードに書いて、バスルームの鏡に貼り、毎朝読むのです。ばかばかしく思えるでしょうが、みごとに功を奏します（ぜひ、わが家のバスルームの鏡を見ていただきたいです）。そのことについてたくさん話してください（あなたは、自分が話しているとおりになります）。毎朝、そのことを日誌に書きこみましょう。

4 信念《フェイス》

信念をもたない人が多すぎます。彼らは皮肉です。「こんなリーダーシップの訓練や自己啓発なんて、効果はないさ」とか、「変わるには年をとりすぎている」といいます。皮肉な考え方は失望に由来しているのです。

自己変革

皮肉で信念のない人たちは、いつもそうだったわけではありません。子どものように、かつては可能性と希望に満ちあふれていたのです。でも、試してみて、おそらく失敗したのでしょう。そして、ゲームにとどまって、失敗は成功への本道であることを理解しようとはせずに、活動を停止して、皮肉になってしまったのです。彼らなりの、二度と傷つかない方法なのでしょう。

さあ、これが「四つのF」で、生活における変化や、真のリーダーシップを発揮することに、わたしたちが抵抗している理由です。それらを理解すれば、なんとか克服することができます。というのも、自覚こそ成功に先立つものだからです。そして、平凡な人たちが非凡な人生をつくりだすことができるのです。

わたしはいつもこの目で見ています。まちがいなく、偉大さに到達できます。信じてください。でも、あなたはまず始めなければなりません。やってみなければ、わからないでしょう?

52

もっと大胆になる

少なくとも一週間に一度、人があなたとあなたのアイディアを笑わなかったら、あなたは限界にいどんでいないことになります。

ああ、ついに口にしてしまいました。どうしても、いう必要があったのです。退屈なビジネスや人通りの少ない道をおそれる人びとは、もう見飽きました。わたしたちを不安で満たすようなことはめったに起きないのに、どうして縮こまっているのですか?

偉大な人びとは抵抗するものに駆け寄り、命を賭けて戦います。偉大な企業は、時間をかけてライバル社の製品を徹底的に調べたりせず、顧客にすばらしい価値をもたらすあらたな方法を探しだします。

なぜでしょう?　世の中はよりよいクローンなど必要としていないからです。人まねはもうたくさんです。世の中が必要としているのは、わたしたちをうならせる人間や企業なのです。世界をゆるがしてくれるような。世の中が必要としているのは、だれも考えつかなかったもっと大きなアイディアで、顧客を豊かにして、コミュニティを改善し、地球を向上させてくれるものです。世の中が必要としているのは、空想家、夢想家、まぎれもない革命です。

アメリカのナチュラル・パーソナルケア・プロダクト産業、トムズ・オブ・メインの創業者であるトム・チャペルのいったことばが好きです。

「成功とは、競争相手に価値を決めてもらうことではない。そうではなく、自分が大切にしている視点にもとづいて自分自身の価値を決めなければならない」

おみごとです。

最近、あるクライアントからいわれました。デザインを変更したわたしのウェブサイトに、目を閉じたわたしが鳩を抱いている写真を載せたのは、わたしとチームにとってずいぶん大胆だね、と。

「マイクロソフト、ＩＢＭ、ナイキ、フェデックスといったきみのクライアント企業は、どう思うだろう？」と、彼はききました。

「そういった企業は改革とイノベーションを象徴しています」と、わたしは答えました。「大胆な行動に拍手を送ってくれるんじゃないでしょうか」

わたしがプレゼンテーションをすすめている新しいマルチメディア・ショーのデザイナーは、わたしが選んだ色は〝標準的な企業色〟ではないから危険だ、といいました。

「褒めてくれてありがとう」と、わたしは冗談を返しました。

ビジネスにはもっと大胆さが必要です。ビジネスには、もっとリスクをとることをいとわず、ほそい枝のうえで戦う人たちが必要です。ビジネスには、リチャード・ブランソンのような人間とその献身的な仕事ぶりが必要です。彼が設立したヴァージン・ギャラクティックは、旅行者を宇宙につれていこうとしています。わたしはそういう人たちが大好きです。元気を吹きこんでもらえます。


すべての革新者《イノベーター》は最初は笑われました。そういうものです。コロンブスが地球はまるいといったとき、みんな笑いました。ライト兄弟が人間は空を飛べると宣言したとき、みんな笑いました。エヴィアンの創業者が人はお金を払って水を買うと信じていたとき、みんな笑いました。いま、だれが笑っていますか？　宇宙は大胆な人間に恩恵をほどこすのでしょう。

人びとは独創性（そこにある大きな考え）にお金を払います。ビジネスの自分の分野でリーダーになりたいですか？　だったら、ほかとちがう人間になってくださ い。彼らに笑わせるのです。あなたは頭がおかしいといわせるのです。くすくす笑わせておきましょう。

自分の洞察力に正直でいつづけてください。

もっと大きな夢を見ましょう。平凡になってはいけません。わたしにいえるかぎり、それは致命的なことです。

自己変革

ポイント・メモ

53

生活の改善点を自分に問う

いままで、娘と外でスケートボードをしていました。きょう、新しいヘルメット、アーム・パッド、ボード用のスニーカーを買ってやったのです。格好だけはプロ並みになりました。あとはボードにどう乗るかを学べばいいだけです。

娘は新しいアクセサリーがとても気に入っています。彼女にとって、スケートボードは最先端で、完璧なスポーツなのです。

というわけで、わたしたちは外で楽しんでいたのですが、彼女はわたしを見あげて、こういいました。

「パパ、なにかが足りないから、あたしってクールじゃないのよね」

なんという一言。笑ってしまいます。でも、考えてしまいました。なにが足りないから、クールではないのでしょう？　なにが欠けているから、信頼されないのでしょう？　なにをはたしていないから、最高の人生を送れないのでしょう？　自覚のあとに選択がきて、選択のあとに結果がくるのです（いいでしょう、もう繰り返すのはやめます。とてつもなく重要である、というだけのことです）。

生活でなにを改善する必要があるかをさらに自覚すれば、よりよい選択ができます。よりよい選択ができれば、よりよい結果が得られます。弱点について知らなければ、それを排除することはできません。

死の床についてもっとも後悔することのひとつは、自分があまり思慮ぶかくなかったということです。考えることや深い黙想に十分に時間をついやさなかった、と。そうはならないでください。考える時間をつくりましょう。生活でなにを改善する必要があるかを自問してください。どんな価値観で生きなければならないかを自分に問うのです。自分がどのくらいすぐれているか、どのくらい「正しくつながっているか」、いかにおもしろいか（好奇心があるか）――いかにクールか――を自分にききましょう。

そして、あなたの人生をメッセージにするのです。あなたのクールさに足りないものがないようにしましょう。

ポイント・メモ

自己変革

54

浮世の義理に、ノーという

重要でないことにいつもイエスといっていると、なにか重要なことにノーといってしまうようになります。〝イエスマン〟と〝イエス・ウーマン〟はけっして偉大なものを創造できません。**うまくノーといえるようになることには、大きな価値があります。**

コーヒーを飲みながらゴシップをかわそうという友人には、ノーといいましょう。うしろ向きなことや皮肉な考えをひろめたがる同僚には、ノーといってください。あなたの夢を笑い、あなたがわが身を疑うようにしてしまう親戚には、ノーというのです。あなたのライフワークから時間を奪う浮世の義理には、ノーといいましょう。

全員に気に入られるように振るまうことはできません。もっともすぐれた人物はそのことをわかっています。優先順位を知っています。目標を知っています。人間として最高の生き方をしたと感じるためには、きたるべき数週間、数カ月、数年、なにをする必要があるかを知っています。そのうえで、ほかのすべてに対してノーというのです。

たしかに、まわりの何人かは気分を害すかもしれません。でも、あなたは他人の賛同することにしたがって人生を送りたいですか？　それとも、自分の真実や夢と手を組みますか？

ポイント・メモ

55

"自分のブランド"を再創造する

けさ、起きた直後に、わたしは頭を冷やしました。ジョン・コルトレーンのサックスを数曲、シャーデーのボーカルをちょっと聴いたあとで、ディディ（かつてはパフ・ダディ、その後、P・ディディとして知られているアーティストです。わたし自身の名前はいまやとても退屈に思えます）のヒップホップをかけました。一日をすみやかにスタートさせる（そして、子どもたちを起こす）なにかが必要だったのです。

ディディと彼がきずきあげたビジネス帝国のことを思うと、考えさせられました。ブランドについて。

マーケットで勝利をおさめるためには、あなたの組織は、こよなく愛され、とびきり尊敬されるブランドを開発する必要があります（広告会社、サーチ&サーチの

CEOであるケヴィン・ロバーツについては、べつの項で書きました。彼はもはや「ブランド」ということばを使っておらず、「ラブマーク」のほうを好んでいます。すばらしい)。

そして、あなたが偉大さに到達するためには、あなた個人のブランド——あなたの名声——に取り組み、みがきをかけ、守ることをお勧めします(すばらしい評判を手にするには三十年かかるかもしれません——でも、ひとつ判断を誤れば、三十秒で失ってしまいます)。

ちかごろは、だれもがブランドを確立しようとしています。法律事務所。会計事務所。小売店。パリのヒルトン・ホテルは最近、「うちがブランドです」といいきりました。

そうなると、疑問がわいてきます。「いまある位置から望んでいる位置まで、どうやって自分のブランドを押しあげればいいのでしょう?」

わたしの答えはシンプルです。ディディを見習ってください。

もちろん、本を読むのもいいでしょう(セス・ゴーディンの『「紫の牛」を売れ!』、アル・ライズと娘のローラ・ライズの共著『ブランディング22の法則』といった、多くのすばらしい本があります)。超一流になるために、ブランド・マネージャー

自己変革

に投資してもかまいません（すべての企業はブランド・マネージャーをおくべきです）。でも、お金が節約できるシンプルな提案をしましょう。

ディディ、50セント、ジェイ・Z（最近、「フォーチュン」誌は彼を〝アメリカでもっともヒップなCEO〟と呼びました。ロカ・フェラ・レコードの社長兼CEOです）といった、ヒップホップ・アーティストを勉強するのです。ブランドを山頂に押しあげることに関して、学ばなければならないことがすべて学べるでしょう。この人たちはじつにすばらしい。つねに再創造しています。これでもかというほど革新しています。はてしなく向上しています。

ひとつのヒット曲で名前——失礼、ブランドですね——を一般の人びとの意識にたたきこみ、やがて、衣類、書籍、映画、オーデコロンなどにまでブランドをひろげました。彼らがどのようにコミュニティを形成し、忠誠心をかため、人びとの脳細胞に彼らが象徴しているものを刻みこんだかを学んでください。

ジェイ・Zの忘れがたい引用を残しておきましょう。

「おれはビジネスマンじゃない。おれがビジネスなのさ」

56

思いきって、きく

飛行機のなかでこの項を書いています。わたしは三万五千フィートの上空にいるのが好きです。気が散りません。じゃまされません。純粋に考えられる時間です。ただ、ひとつだけ問題があります——水を忘れてしまったのです。説明しましょう。

空を飛んでいるあいだにわたしが実践している習慣のひとつに、大量の水を飲むことがあります。ゆうに一リットルは飲むでしょう。脱水状態にならずにすみますし、元気づけてくれ、思考を明晰《めいせき》にたもってくれるのです。飛行機に乗っていると、数多くのすばらしいアイディアがひらめきます。飛行機をおりたときは、疲れてなどいませんから、まっすぐ家に帰って、子どもたちと楽しいことをしてすごします。

でも、この飛行機に乗る前は、乗り継ぎのために急いでいたのでいつもの習慣を忘れてしまいました。水を買わなかったのです。で、どうしたと思います？　きいたのです。わたしは客室乗務員のところへ行って、大量に水を飲むことを説明し、おいしい水の特大ボトルがあるかどうかをききました。ふつうはグラスに一、二杯の水しかださないのは知っていますが、**わたしは〝きくくらいはいいだろう〟とかたくなに信じています。**わたしにとって、それは人生の行動規範なのです。

で、みごとに功を奏してくれました。わたしは礼儀正しく頼み、けっして無理強いはしませんでした。欲しいものを頼んだだけです。

「喜んで」という答えが返ってきました。彼は金属カートのところまで行って、扉をあけ、貴重なものをとりだしたのです。一・五リットルのヴィッテルの水。完璧です。

というわけで、わたしはここにすわって、脱水状態にもならず、快適にすごしています。ドイツの人気デュオ、ブーズー・バジョーのすばらしいCD、『ダスト・マイ・ルーム』をiPodで聴きながら、J・W・マリオットの『マリオット・ウェイ　サービス12の真実』をひらき、そのホテルチェーンがどのようにしていまの地位をきずいたのかを読んでいます。今回のフライトでは時差ぼけにはならないでしょう。まったく。というのも、思いきってきいたからです。

57
もっと価値を付加する

プエルト・リコの大手銀行のCEOであるリチャード・カリオンは、かつて、忘れがたいひとことを授けてくれました。

「ロビン、成功ほど失敗しやすいものはないんだ」

説得力のある考え方です。あなたの組織のみならず、あなたも、もっとも成功しているときがいちばん無防備になります。成功はじっさいに、独りよがり、効率の悪化、そして最悪なことに傲慢《ごうまん》さをもたらします。

成功をおさめると、人も会社もしばしば自分自身と恋に落ちてしまうのです。革新をおこたり、勤勉に働かなくなって、リスクを冒さなくなり、現在の成功に安んずるようになります。守りの姿勢にはいって、トップにのぼりつめるために必要なことを忠実におこなうのではなく、成功を守ることにエネルギーをついやすようになってしまうのです。部屋いっぱいのＣＥＯのみなさんの前でこの話をするたびに、全員がうなずいて同意してくれます。わたし自身が生活で体験した例をお話ししておきましょう。

自己変革

先週末、わたしはふたりの子どもをつれてお気に入りのイタリアン・レストランへ行きました。すばらしい料理を提供してくれる店です。本国以外では最高の牛の《ブレ》塩漬け干し肉《サオラ》。おいしすぎるパスタ。仕事を辞めて、イタリアン・コーヒー店で働こうかと思うくらい、みごとに泡だっているカフェ・ラテ。でも、その店のサービスはよくありません。とても、とてもよくないのです（ほとんどの店とおなじように）。

なぜでしょう？　その店はいつも満員だからです。とても繁盛しているので、競争相手に勝っているのがあたりまえと思っているからです。で、どうなると思います？　それは終焉《しゅうえん》のきざしになります。

わたしは写真を撮るのが大好きです。人生という旅を写真で記録することを、父から教わりました。ですから、たいてい小さなカメラを持ち歩いています。スパゲッティを食べているとき、わたしは店の人に家族三人の写真を撮ってもらえないだろうかと頼みました。

「時間がないんです」彼女はぶっきらぼうに答えました。

信じられませんでした。忙しすぎて、わずか五秒の時間をさいてお客をいい気分にさせてやれないのです。忙しすぎて、ほんのちょっと役に立ってあげられないのです。忙しすぎて、親切にしてあげられないのです。

「成功ほど失敗しやすいものはないんだ」リチャード・カリオンはわかっています。ジェットブルー航空のCEO、デイヴィッド・ニールマンもわかっていて、こういっています。

「もうかって利益をあげているときは、おろそかになりやすい」

でも、多くのCEOはわかっていません。あなたとあなたの組織が成功すればするほど、顧客に対してますます謙虚で献身的になる必要があるのです。効率をよくして、たえまなく向上するとさらに誓う必要があります。もっと価値を付加しなければなりません。

なぜなら、山頂をきわめるための努力をおこたったが最後、それは谷底へとすべり落ちはじめる瞬間になってしまうからです。

パワー充電 58～66

慢性的疲労感から「フレッシュな精神力」へ

人間の心というのは、いったん新しい考えによって広げられると、けっしてもとの大きさに戻ることはない。

（オリヴァー・ウェンデル・ホームズ／解剖学者）

一日に三度食べれば、生きていけるだろう。
でも、一日に三度読めば、賢くなれるんだ。

（シモン・ペレス／イスラエルの元首相）

58

学ぶことに器用になる

つぎのレベルに到達するための簡単なアイディアです。

もっと稼ぐためには、もっと学ばなければなりません。

あなたが雇い主から受けとっている報酬は、あなたが付加した価値によって決まります。もっと知れば知るほど、あなたの価値はあがります。もっと稼ぐためには、もっと学ばなければいけません。競争相手をしのぐのです。彼らより理解してください。彼らより勉強しましょう。彼らより向上するのです。彼らより成功してください。

弁護士になって、仕事を始めた直後のことをおぼえています。わたしは事務所でトップの弁護士に、ここでの仕事を確実に長続きさせるにはなにが必要かをききました。その答えは忘れられません。

パワー充電

「ロビン、この事務所がきみなしではやっていけなくなるくらい、自分の仕事に精通して、有能で、輝かしい存在になればいいのさ」

目からうろこが落ちるような助言でした。自覚は選択につながり、選択は結果につながります。最高の人たちがなにをするかを学べば、あらたな自覚がもてます。よりよい自覚がもてれば、よりよい選択ができます。よりよい選択ができれば、まちがいなくよりよい結果が得られます。学習と超一流の技術の取得に投資するのは、もっとも賢明な投資です。技を習得すれば、偉大さに到達できるでしょう。

忙しすぎるから、学ぶことに一日少なくとも六十分はさけない、などといわないでください。わたしが知っているもっとも多忙な人たちは、少なくとも一日六十分は、読書、CD鑑賞、オンライン取引についやしています。

多くの人は、忙しいことに忙しすぎるのです。忙しいことから、結果をだすことに移動してください。 robinsharma.com を訪れてくだされば、あなたの生涯学習に役立つ豊富な情報源が見つかるでしょう。そこには、わたしのブログ、ブログの音声版ともいえる無料のポッドキャスト、わたしの愛読書リスト、あなたを最高の状態に導いてくれるほかの知識ツールがそろっています。

ですから、きょう、第一歩を踏みだしてください。今夜、テレビを見るのではなく、本を読む時間をつくりましょう。あなたの業界のスーパースターがトップにとどまるためになにをしているかを学ぶのです。さらに健康になる方法を学んでください。時間をどう征服するかを学びましょう。至高の人生を送る方法を学ぶのです。

ポイント・メモ

パワー充電

59 尊敬する人物の本を読む

調子のよさをたもち、最高の状態を維持するには、読書はわたしが知っている最善の鍛錬のひとつです。偉大な書物を読むことは、著者と会話をかわすことにほかなりません。

わたしたちは主人公になれます。考えてみてください、今夜、カップ一杯のコーヒーとともにマハトマ・ガンジーの『ガンジー自伝』を読めば、この偉人の視点でものを見て、なにが彼を行動させていたかを知ることができるのです。

あしたはマドンナとともにすごしたいですか？　だったら、彼女の本を手にとってください。GEのCEOだったジャック・ウェルチ、マザー・テレサ、ビル・ゲイツ、サルヴァドール・ダリ、ダライ・ラマの場合もおなじです。

尊敬している人物の本を読めば、彼らのすぐれた才能の一部があなたに影響を与

えてくれます。偉大な本を書く手は、けっしておなじ手ではありません。

ハーヴァード大学の解剖学教授で、詩人・作家であるオリヴァー・ウェンデル・ホームズは、こういっています。

「**人間の心というのは、いったん新しい考えによって広げられると、けっしてもとの大きさに戻ることはない**」

わたしが成長期のころ、父にこういわれました。

「家賃や食事代をきりつめても、いい本に投資する金をけずってはならない」

その説得力に満ちた意見を忘れたことはありません。必要なのは、自分をまったくあらたなレベルへ引きあげてくれ、世界の見方を根本的に変えてくれる、一冊の本のなかで見つけたたったひとつの考え方である、というのが父の哲学でした。わたしはいま、少なくとも一日に一時間は読書にさくように心がけています。もっぱらその習慣が、わたしを変えてくれました。父には感謝しています。

わたしが死ぬとき、子どもたちに遺せる最高のものはおそらく書斎でしょう。そこには、リーダーシップ、人間関係、ビジネス、哲学、健康、精神性、偉大な人生

パワー充電

や、ほかのお気に入りの話題に関する多くの本があります。ビジネスで旅をしたとき、世界中の書店で買ってきたものです。そういった本はわたしの思考をかたちづくってきました。いまのわたしを形成してくれました。わたしにとって、蔵書は値がつけられないほど貴重なものなのです。

古いことわざのいうとおりです。

「読み方を知っていて読まないのは、読み方を知らないのとおなじようなものだ」

毎日、なにかいいものを読む時間をつくってください。あなたの心を大きな考えとすばらしい思考で満たすのです。本を読んで、魂に希望とインスピレーションをあふれさせましょう。

いいですか、人を指導《リード》したいのであれば、読《リード》むことが必要です。そう、それから、わたしのように読みきれないくらい多くの本を買ってしまう習慣があっても、けっして自責の念に駆られないでください。あなたは書斎をきずいているのですし、それはすばらしいことなのです。

60

出かけるときは必ず本をもっていく

だれも話題にしていない、老化の治療法があります。それは学習と呼ばれていま す。わたしが思うに、日々なにかあらたなことを学び、個人的な領域をひろげ、考え方を改善すれば、あなたは老化するはずがありません。老化するのは、向上心がなくなり、もって生まれた好奇心を失ってしまった人たちだけです。

九十五歳まで生きた、現代経営学の父であるピーター・ドラッカーは、

「三、四年ごとに、わたしは新しいテーマを選びます。日本のアートかもしれないし、経済かもしれない。三、四年の勉強ではとてもひとつのテーマをきわめることはできませんが、理解するには十分です。だから、もう六十年以上、ひとつずつ順番にテーマを選んで勉強しつづけています」

といっています。りっぱな人物です。

パワー充電

去年、わたしはシモン・ペレスと二時間の会話を楽しみました。イスラエルの元首相で、ノーベル平和賞を受賞しています。当時、彼は八十二歳になるところでしたが、本好きなことや、将来へ向けての大きな考えや学習について語るとき、わたしは彼の目がきらめいていることに注目せざるをえませんでした。

「ミスター・ペレス、いつ本をお読みになるのですか？」と、わたしはききました。

「ロビン、読まないときなんてないさ。朝起きたとき、毎日毎晩、時間があるときに欠かさず読んでいるよ。ほとんどの週末は、偉大な書物を読んですごしている。**本はいつだってわたしの話し相手なんだ**」

という答えが返ってきたあとで、彼はにっこり笑っていいそえました。

「**一日に三度食べれば、生きていけるだろう。でも、一日に三度読めば、賢くなれるんだ**」

学校を卒業すると、本を手にとらなくなる人が多すぎます。信じられません。地球を歩いた偉人たちの心の深奥をのぞいてみるより、テレビを見て時間をすごす人が多すぎます。あらたな洞察や強い影響力のある考えに心を閉ざしてしまう人が多すぎます。

　一冊の本のなかのひとつの考えで、あなたの世界を見る目が変わることもあるのです。一冊の本のなかで読んだひとつのアイディアが、あなたが人びとと意志をかよわせる方法を変えてくれるかもしれません。一冊の本のなかで見つけたひとつのアイディアのおかげで、長生きして、もっとしあわせになれて、あなたのビジネスがめざましい成功をおさめるかもしれないのです。

　出かけるときは、忘れずに本をもっていってください。

ポイント・メモ

パワー充電

61 音楽の恩恵に浴する

わたしは音楽が大好きです。音楽は生活をよりよいものにしてくれます。ごくふつうの経験にちょっと音楽を加えるだけで、すばらしいものになります。

この項を書くまえに、子どもたちを車で学校まで送ってきました。運転しながら、カナダの四人組のロック・バンド、アワ・レディ・ピースの新しいＣＤを聴きました。娘のビアンカはわたしを見あげて、こういったのです。

「ねえ、パパ、音楽を聴くと踊りだしたくなっちゃう」

そういいながら、娘は目をきらきらさせていました。いうことなしです。

ゆうべ、わたしはおもしろい友人と心のこもった会話をかわしました。彼は金融市場で生計を立てています。でも、ＤＪとしてターンテーブルをまわし、情熱を燃やしているのです。彼は音楽を愛しています。生活をよりよいものにしてもいます。

すばらしいコンビネーションです。

わたしたちは、モーチーバ、シーヴェリー・コーポレーション、U2、デイヴ・マシューズ・バンドについて話しました。考えさせられました。ニューヨーク、ボゴタ、テル・アビブ、サン・フアン、バンガロール、北京、どこに住んでいようと、音楽はわたしたちを結びつけ、共通のことばで語りかけてくれます。音楽には、わたしたちの生活を高め、社会を豊かにし、世界を向上させる可能性があります。

わたしは本気で思っています。ミュージシャンはアーティストで、画家や詩人となんら変わりません。彼らはわたしたちの文化を実証し、わたしたちに考えさせ、(ときには)怒らせ、新しいアイディアを紹介してくれます。そして、すばらしいミュージシャンは哲学者なのです。

まじめな話。最高のミュージシャンは、歌をとおして賢い洞察を伝えてくれるので、たとえ三分間でも、世界をあらたなレンズごしにながめさせ、いつもとちがうところ――なにか特別な王国へと足を踏みださせてくれるのです。

U2のリード・ボーカルであるボノは、あるインタビューのなかで、「旅のセールスマン」を自認しているといっていました。彼はメッセージを売りながら地球を縦横に動きまわり、自分の価値を説いて、数万人を前にしたステージで心の静かなささやきをひろめています。ボノは詩人です。彼の歌詞を読んでみてください。じつに深遠です。

哲学的な重みのある叙情詩について考えると、女性シンガー・ソングライターのアラニス・モリセットのことも思い浮かびます。独特のサウンドを奏でる、デイヴ・マシューズ・バンドのデイヴ・マシューズもそうです。白人ラッパーのエミネムのことばでさえ、冒瀆《ぼうとく》的でないときはパワーをもっています。いつか、聴いてみてください。彼には生きのよさがあります。

パワー充電

そこで、おききしたいと思います。

あなたはたまには音楽を聴いていますか？　どんな歌があなたを考えさせ、笑わせ、泣かせますか？　どんな音楽が心を高揚させ、きょう、地球を歩ける恩恵を思いださせてくれますか？　どんな曲がさらなる高みへと奮い立たせ、もっと大きな夢を見させ、あなたが運命づけられている偉大さへ到達させてくれますか？　さて、最後の質問をさせてください。

あなたが立ちあがり、踊りだしたくなる音楽とは、どんな音楽ですか？

62

風に夢中になる

ついこのまえ、わたしは子どもたちといっしょにテニス・クラブにいました。ふたりともテニスがうまくて、わたしはせいぜいボール・ボーイです。

七十歳代前半と思われる男性がわたしのところへやってきて、話しかけてきました。おもしろい人で、いまのところ恵まれた生活を送っているようでした。しばらくすると、彼は目を閉じ、にっこり笑ったのです。

わたしはききました。「どうなさったんですか?」

彼の答えは忘れがたいものでした。

「いや、たいしたことじゃありません。風に夢中になっているだけですよ」

おみごとです。

もっと欲しい、もっと必要だ、もっと持とうという時代において、だれかが人生のシンプルな喜びについて話すのを聞くのは、とてもすがすがしい気分です。はっきりさせておく必要があるでしょう。わたしは物質的なことに反対しているわけではありません。一般に信じられているのとは裏腹に、わたしが書いた『あなたにとって一番大切なもの』は、金儲けやいい生活を楽しむことに反対するマニフェストではありません。

そこに書いたおもなメッセージは、「すばらしい人生を送るにはなにがいちばん大切かということを思いだす」という、シンプルなものです。しあわせになれるのなら、ＢＭＷに乗り、プラダを着て、フォー・シーズンズに泊まり、大金を稼げばいいのです。人生という旅をより快適にしてくれる物質的な喜びは、たしかにいたるところに満ちあふれています。そういったものを楽しむことにやましさを感じる必要はありません。

でも、旅の途中には、ありふれているけれど、愛すべき美しい宝物があることを忘れないでください。たとえば、深い人間的なつながり、仕事を成しとげることを通じて自分の長所を理解すること、世界を探検して自然の恵みを経験すること――魂を満たしてくれるみごとな夕焼けや、満天の星空を背景にした満月――などです。

パワー充電

人生最高の喜びのいくつかは、もっともシンプルなものです。人生をより多くのそういったもので豊かにすれば、あなたの心はしあわせになります。
まず、やさしい風から始めてみるといいでしょう。

ポイント・メモ

63

遊びをとりもどす

このまえの週末、息子のコルビーを友だちの家まで車で送ってやりました。その友だちが車のところまで歩いてきて、息子に挨拶したとき、わたしはきいてみました。

「きみたち、なにをするつもりだい？」

ひとこと、大きな声で返事がありました。

「遊ぶの」

完璧な答えです。

子どもたちはわれわれの先生です。わが家では、わたしは指導者ではありません。子どもたちが指導者です。車で家に帰るとき、遊ぶことの大切さをじっくり考えてみました。

大人に向かって、「きょうはなにをする予定ですか？」ときいて、どのくらいの頻度で、「遊びかな？」という答えが返ってきますか？　だから、わたしたちの世界はおかしくなっているのかもしれません。

もっと遊びがあったら、あなたの生活はどのように見えるでしょう？　どんな仕事であれ、仕事をしながらもっと楽しめたら、あなたの職場での能力はどんなものになるでしょう？

これ以上、自発性、笑い、お祭り気分、若々しさ――いや、自由奔放さ――を捨ててしまったら、あなたの人間関係はどのように見えるでしょう？

大人になると、わたしたちはかつては生活の義務と思っていた遊びをやめてしまいます。大人は堕落した子どもにすぎません。なぜでしょう？

そんなふうになる必要はないのです。遊ぶ時間をつくってください。

ちょっと向こう見ずで、愚かになれる時間を見つけましょう。職場で想像力をふくらませ、日々に好奇心を呼びもどすのです。

人生はすべてなんとかごっこだった時代の、あの驚異の念をとりもどしてください。あのころは自転車に乗って、生活と呼ばれている旅のあらゆる瞬間を楽しんでいたはずです。

パワー充電

こんどだれかがあなた――ビジネス・スーツに身をつつみ、ブリーフケースをもって、深刻な顔をしているあなた――を見て、きょうはなにをする予定ですか、ときいてきたら、自信をもって、これしかないという答えを返してください。

「遊びにいくんだよ」

ポイント・メモ

64

超一流のものからパワーをもらう

ずばぬけた業績をあげる人や非凡なリーダーをコーチしているとき、わたしがいつも気がつく彼らの習慣のひとつに、超一流の存在への強いこだわりがあります。彼らは最高級の車に乗り、最高の家庭環境で暮らし、いちばんいい服を着ています。彼らの哲学は、おおむね、「わたしは最高を象徴しているから、最高のものに投資することしか意味をなさない」というもののようです。ここに将来に向けての大きな考えがあります。彼らは成功していないときでもその信念を抱いていたのです。

偉大さというのは、なににもまして、精神状態といえます。自分の可能性や力を活性化させる前に、その存在を信じる必要があります。非凡になる前に、自分は非凡であると感じる必要があります。わたしはそれを「感情の青写真」と呼んでいます。外面生活でめざましい結果をだすには、感情的に――心の底から――内面生活における自分のビジョンの青写真をつくりださなければなりません。

わたしが発見した、その感情を手に入れる最良の方法のひとつは、自分をとりまくあらゆるものを確実に最高レベルにすることです。

パワー充電

数年前、アル・コーランというマジシャンが書いた『Bring Out the Magic in Your Mind（心の魔法を引き出す）』という本を読んだことをおぼえています。彼がいっていたことで心に残るアイディアのひとつに、**成功するためには成功している人びとがいる場所に行くことが重要である**、というのがあります。たとえ十ドルしかもっていなくても、街の最高級レストランへ行って、一杯のコーヒーを飲むのです。

彼はなにがいいたいのでしょう？　あなたの環境があなたの感じ方をかたちづくります。そして、感じ方があなたを行動に駆りたてるのです。超一流を感じられれば、超一流の振るまいができるようになるでしょう。

最高のものに投資してください。ふところの許すかぎり最高級のものを買うのです。安い靴を三足買うより、上質のもの一足のほうがいいでしょう（長持ちしますし、はいているあいだはいい気分でいられます）。わたしは、「値段はとうの昔に忘れても、品質はおぼえていられる」ということばが好きです。まさにいいえて妙《みょう》でしょう。

まだ駆けだしの若い弁護士だったころ、わたしは給料の一部をすばらしい腕時計に投資しました。ロレックスやカルティエではありません。でも、いい時計、買える範囲では最高のものでした。長持ちするし、身につけていると成功したような気分になれるし、じっさい、ほとんど修理しないからお金の節約になるだろう、と思ったのです。

いつもいちばん安いものを探している友人は笑いました。でも、わたしが正しかったことが判明したのです（そういうことはしばしばあります）。わたしの時計はいまだに申し分なく動いています。一度も修理していません。そのあいだに、友人は六個の時計をだめにしました。彼は、高品質なものがもたらすポジティブな感触をあきらめただけでなく、結局、わたしより出費がかさんだことになります。木を見て森を見ず、というわけです。

わたしはけっして意味もなく物質依存を勧めているわけではありません。あなたが本気で最高のものを象徴したいのであれば（そうであるのはわかっています）、最高のもののなかに身をおいてください、といいたいのです。

いいものを買って自分に褒美を与えるのは、自分のいちばん深い――そしてもっとも高い――部分にメッセージを送ることになります。「わたしはそれを受けるに

パワー充電

値する、それにふさわしいのだ」というメッセージを。もっと上をめざせ、もっと勤勉に働け、もっと向上しろ、というメッセージを。

わたしたちの自尊心はきわめて強いものだから、いくら質が高くても感じ方には影響しないだろう、とおっしゃる方には、謹《つつし》んで申しあげます。そういったご意見は人間性の現実を見逃しています。わたしは最高の理想主義者のひとりです。でも、現実主義者でもあります（「すべてのものごとにはバランスがある」と、仏陀《ぶっだ》はいっています）。

わたしたちはだれでも、いいものが好きです。**いいものは喜びをもたらしてくれます。美しい夕焼けや雄大な山のように、わたしたちの五感に訴えかけます。**

たしかに、物的財産は長続きするしあわせをもたらしてはくれません。それに、人生にはもっとずっと大切なことがたくさんあります。それでも、そういったものは重要なのです。

最高のものに最高の投資をしてください。こんなことをいうと、受けがよくないかもしれません。でも、わたしには本心を打ち明ける義務があります。クライアントのひとりのことばを思いだしました。

「わたしの好みはシンプルでね――最高のものが欲しいだけさ」

65

デザインの力を享受《きょうじゅ》する

この項を書いているいま、フランクフルト空港にいます。ドイツにくると、この国ではデザインが重要であることにいやでも気づかされます。トイレのハンドタオル・ディスペンサーは完璧に機能するうえ、創意に富んでいます。ラウンジにあるカフェ・ラテの自動販売機はわたしの心を読んでいます。荷物用のカートは機能的なだけでなく、美しいのです。ドイツ人はよくわかっています――デザインが重要であることを。

アメリカのフォード社は、車を売るデザイン会社としてイメージ・チェンジをはかりました。すばらしいことです。

かつてより顧客の選択肢が増えたこの世の中では、あなた、あなたの生産物、あなたの組織にとって、いいデザインは、他より抜きんでて、注目をあつめる最良の

パワー充電

方法のひとつです。

目を楽しませてくれるもっともセクシーな装置のひとつ、アップル社のiPodを見てください（わたしはiPodなしで旅することは考えられません）。そう、一万曲の歌をバック・ポケットに入れておけるなんて、夢のようではありませんか。でも、わたしたちがiPodに恋してしまうのは、そのデザインです。アップル社のiBookを見てください。

じっさい、クリエイティブで大胆な企業がつくっているほぼすべての製品を見れば、ことデザインに関して、超一流がどんなものであるかがわかるでしょう。

デザイン界の天才、フィリップ・スタルクをグーグルで検索してみてください。十年以上前、彼がパートナーのイアン・シュレーガーとともに創造したデザイナーズ・ホテルというカテゴリーは、ホテルに足を踏みいれた人びとを茫然《ぼうぜん》とさせました（ロンドンのセント・マーティンズ・レインとニューヨークのハドソンは、いまだにわたしが気に入っているふたつの宿泊施設です）。すばらしいデザインにはそれだけの力があるのです。

あるいは、デンマークの家庭用品ブランド、ボダムのフレンチプレス・コーヒーメーカーを使ってみてください。おいしいコーヒーが味わえます。わが家のキッチンで燦然《さんぜん》と輝いています。そのみごとなデザインを見ていると気分が高揚して、製品について知っていることをみんなにしゃべってしまいます。すぐれたデザインは製品伝道師を生みだすのです。

「ビジネスマンはデザイナーをもっとよく理解する必要はない。彼らはデザイナーにならなければならないのだ」

トロント大学（ロットマン経営大学院）のロジャー・マーティン学部長はそういっています。

人間の生活には、しあわせな気分になれる秘密が必要なのです。

生活が無味乾燥であれば、喜びを感じることはできません。すぐれたデザインはその秘密をつのらせてくれます。生活がおもしろくなります。わたしたち一人ひとりのなかにいるアーティストと結びつくのです。わたしたちを驚かせてくれます。

ビジネスをして、非凡な人生をきずこうとしているとき、人を驚かせるのはおもな目的のひとつではありませんか？

パワー充電

66

「家の心臓部」をととのえる

あらゆるすばらしい企業には、明確なビジネス・モデルとそれを実行する戦略的なプランがあります。それはその企業のビジネス構想と重点に関するすべてです。でも、わざわざ時間をさいて、自分自身の生活の構想をまとめる人はほとんどいません。

どこへ行くのかがわかっていなければ、いつ着くのかわからないのではありませんか？　それに、見えてもいないのに、どうやって標的を撃《う》てるのですか？

ホテル業界では、客には見えない舞台裏でおこなわれるすべてのことに名前がつけられています。経理、ハウスキーピング、キッチン、クリーニング部門でやらなければならないことは、すべて不可欠な業務ですが、人目にはさらされません。そういった仕事は「家の心臓部」と呼ばれています。「家の心臓部」が整然としていて、ほぼ完璧に機能していれば、外にいる利用客もおなじ体験をしているといえるでしょう。

将来に向けての大きな考えがあります。最高の人生に到達するために、「家の心臓部」を整然としておくことをお勧めします。**あなたには人生の「ビジネス・モデル」がありますか？**　夢を実現する戦略的なプランがありますか？　いちばん大切にしている価値観と生活の最優先事項を紙に書き、毎朝、見直して、もっとも重要なことを追求しつづけていますか？

そういったすべては「家の心臓部」という側面、つまり内なる作業工程で、外の結果を方向づけ、左右するものなのです。

たしかに、そういった内なる作業をするには時間がかかります。もちろん、いますぐ片づけなければならない急ぎの仕事が山積みになっていることでしょう。でも、まちがったことをするのに忙しいのだとしたら、まったく意味がありません。

ポイント・メモ

ビジネス魂 67〜75

「ひとごと仕事」から「心をつかむ仕事人」へ

うなずけるときは、しゃべるな。

(エリオット・スピッツァー／ニューヨーク州司法長官)

感情と理性の本質的な違いは、感情は行動の原因となるのに対して、理性は結論の原因となることです。　(ドナルド・カルネ／神経学者)

67

机《デスク》をはなれ、出かけていく

ビジネスでずばぬけた業績をあげる人は、机のうしろに隠れたりしません。ビジネスは人とのつながりがすべてであることを知っているからです。人びとがあなたを気に入って、あなたのことを知り、信頼してくれると、彼らはあなたを助けてくれるでしょう。そういうものです。人間性があらわれます。

最良のマネージャーは、机をはなれ、チームのみんなと豊かで有意義な会話をかわします。彼らは、情熱が感染することを知るでしょう。でも、だれかが手をさしのべてくれる前に、あなたは相手の心をつかまなければなりません。

最高のセールスマンは、机をはなれ、顧客と食事をします。人間関係で売る力というものをわかっているのです。

人びとは製品やサービスを買うのではありません。人間と人間関係を買うのです。

ビジネス魂

最良の従業員は、机をはなれ、仲間と協調し、同僚をささえ、熱意をひろめます。

人生でこれまでになく、わたしはオフィスをはなれるように心がけています。わたしは自分のチームを気に入っていますが、彼らは万事心得ています。わたしがオフィスにいなくてもだいじょうぶです。肩書きなしで指導していますし、社会的な力を身につけています。わたしがそばにいすぎると、かえってじゃまになるでしょう。

わたしは外でとても大事な読者と会う必要があります。大切なクライアントの役に立って、超一流の組織をつくるお手伝いをしなければなりません。わたしのブログやポッドキャストに載せたり、つぎのスピーチで使ったり、本に書いたりする、新しいアイディアやおもしろい洞察を学ぶ必要があります。隠れるとしたら、机のうしろはわたしにとって最悪の場所でしょう。

「ペーパーレス・オフィス」ですか？　わたしが生きているうちはそうはならないでしょう。

「デスクレス・オフィス」ですか？　あと一年、待ってください。

68

生身《なまみ》の自分を伝える

この項を書いているいま、わたしはフランクフルトで飛行機の席についています。きのうは、わたしの著作を世界中で売ってくれた各出版社の人たちとミーティングをしてすごしました。

毎年秋になると、フランクフルトは、世界最大のブック・フェアに押しかけてくる二十五万人の人たちでにぎわいます。わたしにとって、きょうは二十日間にわたる講演とブック・ツアーの最終日にあたります。インド（わたしの大好きな国のひとつです）の隅々までめぐってからイスタンブール（すばらしい場所です）を訪れ、最終的にドイツのこの小さな街にやってきました。

この三週間で多くのことを学びました。多くの驚くべき人たちとお会いして、親切にしていただきました。すばらしい人生を送ることをめざし、みずから手本とな

ビジネス魂

って指導している方々の激変ぶりに感銘を受けました。とりわけ、人間関係の構築ほど重要なことはないと気づかされました。

結局のところ、**ビジネスと人生は人間のきずなを結ぶことにつきる**、ということをつい忘れてしまいます。

今回のツアーでは、本のサイン会で読者の方々といっしょに笑いました。わたしたちがリーダーシップの開発トレーニングをお手伝いしているクライアントの方々と食事をしました。出版社の人たちとコーヒーを飲みました。わたしのメッセージを育ててくださったみなさんを知ることができました。そして、みなさんにもわたしを知っていただけました。

将来へ向けての大きな提案。人びとはあなたが生身の人間であることを知りたがっているのです。礼儀正しくて、親切で、信頼に値することを。あなたを感じとり、理解し、あなたの目をのぞきこんでどんな人物かを確かめたいのです。あなたの情熱がなにを象徴しているのかを知りたいのです。

あなたがうわべだけの人間ではないことがわかれば、彼らは心をひらいてくれるでしょう。あなたが彼らの最善の利益を考えていることがわかれば、信頼してくれます。そして、あなたの最善の利益を考えてくれるでしょう。あなたがいい人であどりつくでしょう。

人は気に入った相手とビジネスをする、そしてどういう人間が彼らをいい気分にさせるのか、ということはつい忘れられがちです。シンプルなことです――わかっていいます。でも、ほとんどの人は基本に忠実になるところまで手がまわりません。成功の秘訣はしっかりと基礎に徹することです。ロケットのように急上昇はできません。

ですから、オフィスから外に出て、あちこちまわることをお勧めします。外に出るといいことが起こります。あなたが動くまでは、なにごとも起こりません。握手をしましょう。いっしょにランチをとってください。心からの興味を示すのです。善意をひろめてください。あなたのメッセージを伝えましょう。

だれかがあなたに手をさしのべる前に、あなたは彼らの心を動かす必要があることを忘れないでください。そして、ビジネスは人間関係がすべてだということも。

69
相手の名前を呼んで挨拶する

人はいい気分にさせてくれる相手とビジネスをします。

人間は感情の生き物です。しあわせで、特別で、安心な気分にさせてくれ、思いやりを感じさせてくれる相手とかかわりたいのです。

ご紹介したい人物がふたりいます。

農夫のスティーヴと雑貨店を経営しているジェイクのふたりは、ほとんどのCEOよりビジネスのなんたるかを心得ています。スティーヴはカボチャを売っています。わたしはカナダに住んでいて、毎年秋になると、子どもたちといっしょに車にとびのり、いっこうに老けこまないその農夫のところまで、三十分かけてハロウィーンのカボチャを買いにいきます。もちろん、わが家から五分で行ける地元の食料雑貨店で買うこともできます。でも、スティーヴがわたしたちの心にもたらしてくれる気分が味わえないと寂しいのです。

彼はわたしたちの名前をおぼえています。わたしたちを笑わせてくれます。いろいろ話をしてくれます。世の中でなにが最善かを思いださせてくれるのです（その点に関して、農夫の人たちはじつに上手です）。

そして、わたしたちは大量のカボチャとうれしい気分を抱えながら、車で家に帰ります。ところで、スティーヴの商売は信じられないくらいの成功をおさめています。

つぎはジェイクです。ジェイクは雑貨店を経営しています。わたしと子どもたちが店にはいっていくと、彼は名前を呼んで挨拶してくれます。彼はわたしたちの誕生日を知っています（小さな黒いノートに記録してあるのです）。

ジェイクはわたしのために、住宅雑誌やビジネス誌を注文してくれます（もちろん、追加料金なしで）。

彼の応対には非の打ちどころがありません。いつもにこにこ笑っています。わたしたちをいい気分にさせてくれるのです。わが家の近所には、少なくともほかに五軒の雑貨店がありますが、人間関係をきずくことに関して、ジェイクは達人といえるでしょう。だから、わたしたちは彼の店に義理がたく通うのです。そうそう、ちなみに彼は億万長者です。

ビジネス魂

善良であることは賢明なことです。洗練されたビジネス戦略といえるでしょう。ですから、スティーヴのようになってください。ジェイクを見習いましょう。ビジネスをする相手をいい気分にさせるのです。あなたはその分野のリーダーになれるでしょう。楽しみながらやれるはずです。そして、それはやるべきことなのです。

数カ月前、ある催し物が終わったあとで、セミナーの参加者から、「**善行を積んで、時間という嵐でもけっして壊せない美徳を残すのだ**」とだけ書かれている紙片を渡されたことを思いだします。わたしは彼に、だれのことばですか、とききました。その人の答えは簡潔でした。

「わたしが知っているいちばん賢明な人物——祖父です」

ポイント・メモ

70

しゃべる二倍、聞く

わたしの母はとても賢い女性です。子どものころ、わたしは話すことが大好きでした（いまでもそうです）。学校での成績はわるくなかったのですが、成績表にはいつも、ほとんどのべつ幕なしに元気よく声帯をふるわせている、と書かれていました。

ある日、母はわたしをすわらせ、こういいました。

「ロビン、ちゃんとした理由があって、耳がふたつ、口がひとつあるのよ。しゃべる二倍、人の話を聞きなさい」

みごとに核心をついていいます（でも、わたしはいまだに取り組んでいます）。

相手の話を熱心に聞くことは、その人物を尊び、深い人間的なきずなを結ぶ最善の方法のひとつです。

相手の話を聞けば――気持ちだけでなく、全身全霊をかたむけて――それは相手にメッセージを送っていることになります。

「あなたのおっしゃることを尊重し、謙虚にことばに耳をかたむけます」

ほんとうに聞き上手な人はごく少数なのです。六時間のフライトの前に飛行機でだれかのとなりの席につくと、彼らは着陸してもまだしゃべっています。わたしの名前、出身地、職業、愛読書すらきかないで。科学者が〝知覚力〟(まわりの刺激に注意をはらう能力)と呼んでいるものが欠落しているのがわかるだけでなく、おそらく子どものころに人の話を聞く機会があまりなかったのでしょう。

聞くというと、たいていの人は相手が話しおわるまで待ってから答えることだと考えてしまいます。そして悲しいことに、相手が話しているあいだ、ほとんどの人は頭のなかでどう答えるかを練習しているのです。

エンロン事件などで活躍している、ニューヨーク州のエリオット・スピッツァー司法長官は、わたしの好きなことばを述べています。

「うなずけるときは、しゃべるな」

この点をきちんと理解すれば、ビジネスマン、家族の一員、人間としてのあなたの有効性はかならず急上昇します。

しゃべる二倍、聞きましょう。

他人があなたに話していることにおおいに興味をもってください。そして、みんなの反応を見守るのです。彼らはあなたに恋するでしょう。たちまち。

ポイント・メモ

ビジネス魂

71

愛をこめて接客する

わたしは「スターバックス」の列にならんでいます。バックグラウンド・ミュージックはデイヴ・マシューズ・バンド。あたりにはコーヒーの香りがたちこめています。エスプレッソ・マシーンが大きな音をたてます。人びとは、本を読んだり、くつろいだり、話したりしています。とてもいい雰囲気です。わたしはここにいるとしあわせな気分になります。家にいるような。

あなたが商売をしているなら、考慮していただきたいもっとも重要なことのひとつは、**人びとは頭ではなくむしろ心で買う**、という見解です。きょうのマーケットにおける競争は、顧客の金を獲得することではありません。断じてちがいます。ただひとつの真の競争は、顧客の感情をとらえることなのです。もてなす人びとの心をつかむことができれば、彼らは何度でもきてくれます。彼らの心を魅了すれば、あなたの大ファンになるでしょう。この洞察を見落とせば、あなたは仕事を失うかもしれません。

たしかに、一杯のコーヒーをもっと安く飲むことはできるでしょう。もっとわたしの職場に近いコーヒー・ショップもあります。でも、「スターバックス」に入るときに感じさせてくれる雰囲気が好きなのです。くつろげます。しあわせな気分になります。満足できます。日々をすごしていると、だれもがいい気分を必要とします。いろいろな意味で、大人は成長した体をもつ子どもにすぎません。そして、子どもは気分のよさがすべてです。

世界でも有力な広告会社、サーチ&サーチのCEOであるケヴィン・ロバーツは、すばらしい著書『永遠に愛されるブランド　ラブマークの誕生』のなかで、感情が顧客の行動を駆りたてるという点について、つぎのように述べています。

「三十五年にわたるビジネスにおいて、わたしはつねに自分の感情を信じてきた。相手の感情を動かせば、いっしょに働いてくれる最高の人材、インスピレーションを与えてくれるクライアント、最高のパートナー、もっとも献身的な顧客が手に入る」

ミスター・ロバーツはつぎに、カナダの神経学者であるドナルド・カルネを引用しています。

ビジネス魂

「感情と理性の本質的な違いは、感情は行動の原因となるのに対して、理性は結論の原因となることです」

思わず息をのむほど重要なポイントです。人間は感情を動かされたときに動くのです。

iPodを持ち歩いているとどんな気分ですか？　センスのいい店で買い物をするとどんな気分ですか？　お気に入りのレストランに行ったとき、ヒップホップ・ミュージシャンのディディ、マドンナ、ビル・クリントン元大統領のように挨拶されたらどんな気分ですか？

わたしのいいたいことはわかると思います。人びとは、特別に大事にされていると感じさせてくれるところへ行くのです。感情的なかかわりをもっている店で買い物をするのです。自明のことに思えます。でも、ほとんどの店はそのことをわかっていません。

きょうの大胆な意見を申しあげましょう。

商売は多くの意味で愛にかかわっています。

考えてみてください。愛をこめて接客すれば成功します。愛をこめて商品を売ればマーケットのリーダーシップが得られます。顧客がたんにあなたのことを気に入っているだけなら、もっと安価な製品や廉価なサービスを提供する競争相手があらわれたとき、あなたは危うい立場になります。

なぜでしょう? 彼らと感情的につながれなかったからです。でも、顧客があなたのことを愛していれば――彼らの生活のなかに入りこむことによって、心をつかんでいるから――あなたは彼らの拡張家族の一員になれます。あなたはいまや彼らのコミュニティの一員なのです。彼らは義理がたくなります。残りの家族にあなたのことを話します。そうなれば、きびしい状況になったときも、あなたを大切にしてくれるでしょう。

だから、わたしはこれからも「スターバックス」に行くでしょう。その店を愛しているのです。わたしを見つけたかったら、静かな隅の席で笑顔を浮かべ、しあわせな気分で、ひっそりとソイ・ラテの大カップを飲んでいる――愛を感じながら――男を探してください。

72

「お客さまは神さま」というもてなし方をする

わたしはタクシー運転手の人たちから人生に関するいくつかの深い教訓を学びました。

トップレベルの英知を授かりたいですか？　だったら、タクシーにとびのってください。情報端末や携帯電話はしまいこんで、目の前にいる人物と知り合いになるのです。彼は毎日、何百人と話をしています。あなたが思っている以上に思慮ぶかいこともしばしばです。ゆうべ、そのことを気づかされました。

わたしはこの項をインドのムンバイで書いています。昼間はずっとリーダーシップのセミナーを開催して、夜は青年社長会でべつのプレゼンテーションがあります。わたしはこの土地が大好きです。食べ物が大好きです。エネルギーが大好きです。人びとが大好きです。

運転手さんの名前はラメシュ・シャーマでした。彼はタクシーの予約用紙に書いてあるわたしの名前を見つけました。

「ロビン・シャーマ……お父さまはどこの出身ですか?」

わたしたちは長話を始め(ムンバイは交通渋滞がひどいので、時間がかかるのです)、とても親しくなりました。彼は子どものように笑いました——インド人はわたしが世界中で出会っただれよりもしあわせな人たちです。彼はわたしに、家族のこと、本に対する情熱、自分の哲学を話してくれました。そして、忘れがたいことを口にしたのです。

「わたしが生まれた北インドでは」彼は誇りをこめていいました。

「お客さまは神さまなんです。だれかが家にきたら、最高の敬意と愛をこめてもてなします。わたしたちが食べそこなっても、お客さまには十分に食べてもらいます。それがわたしたちの文化なのです。そうすることで、わたしたちには喜びがもたらされます」

すばらしい。

ビジネス魂

生活のなかで、組織のなかで、「お客さまは神さま」というもてなし方をしていますか？　その考え方は、あなた個人と組織の文化の一部になっていますか？

もうひとつ、おききします。あなたのもとを訪れ、あなたの日々という旅とまじわった人びとが全員、神さまのようなもてなしを受けたら（その人が親戚であろうと見知らぬ人であろうと）、あなたの私生活はどのように見えるでしょう？

あなたが敬意と賞賛をこめて顧客に接したら、あなたの職場の生活はどのように見えるでしょう？

あなたは超一流になります。もっと成功するでしょう。もっとしあわせになります。偉大さに到達できるでしょう。

ですから、きょうは三十分はやく職場をあとにしてください。タクシーにとびのって、ドライブするのです。新聞や携帯電話をもちこんではいけません。ひらかれた心（とペン）だけもっていってください。そして、あなたといっしょに乗っている人物と知り合いになるのです。あなたは聞いたことをとても気に入るかもしれません。

73

クライアントをびっくりさせる

土曜日の朝、わたしはこの項を書いています。すっきりと早起きして、一日という贈り物をみごとにスタートさせました。一時間かけて、日誌を書き、読書をし、子どもたちと楽しい会話をかわしました。それから、午前八時にあく、いつものヘルス・クラブで運動をしようと思って出かけたのです。

着いたとき、駐車場に人びとが立っているのが見えました。このクラブはちょっと変わっていて、小川のうえに橋がかかっており、駐車場からそこを渡って本館とテニス・コートへ行くようになっています。きのう、モンスーンのような雨が降ったので、橋が壊れてしまったのです。従業員の何人かが損害を調べていました。

そこで、わたしは彼らのほうへ歩いていきました。時間はもうすぐ七時五十分、気持ちよく運動をして汗をかき、一日を迎えようと思っていたのです。わたしはクライアントで、彼らのビジネスを成り立たせているひとりです。でも、彼らはそのことがわかっていないようでした。挨拶がありません。笑顔がありません。思いやりがありません。ひたすら、壊れた橋について話しつづけるばかりでした。

わたしは、クラブがもう営業しているのかどうかをききました。彼らは笑いました。そのなかのひとりは、「当分、無理ですね」といいました。

いいでしょう……だったら、もうちょっと情報をもらえると助かるんだがな、きみたち。でも、それ以上の情報はもらえませんでした。いつ再開できそうかという情報や、ここの準備がととのうまで、しばらくべつのクラブで運動してもらうといった代替案は、いっさいありません。

この組織はまったくわかっていない、というさらなる証《あかし》がわかったので、わたしは立ち去りました。ここはもうクライアントを気にかけていないのです。昔はそんなことはなかったのですが。

かつては、すばらしいサービス、すばらしい施設、すばらしい応対を提供していました。年に一度は、全従業員の署名があるバースデイカードを送ってくれましたし、わたしが入っていくと、いつも名前を呼んでくれました（カードを通したときに名前を調べたのがわかっていても、いい気分でした）。やがて、おかしくなりはじめたのです。

彼らは成功をおさめました。成功ほど失敗しやすいものはありません。べつの項で述べましたが、リチャード・カリオンのいうとおりです。彼らは従業員の訓練をやめてしまいました。マシンが古くなるにまかせました。彼らはわたしたちクライアントをおろそかにしました。ここで壊れたのは橋だけではなかったのです。

で、どうなると思いますか？　なぜビジネスをしているかを自覚している——価値を付加し、顧客をおおいに楽しませる——新しいクラブが開業したら、わたしは真っ先に入会するでしょう。

わたしにとってビジネスとは、ビジネスの相手を愛し、彼らが期待していい以上の価値を与えることです。

クライアントを大切にしてください。いや……びっくりさせてください。あなたの成功と長続きの可能性は保証されたも同然でしょう。きわめて単純なアイディアです。でも、わかっている人はあまりいません。

74

客をうならせる商売人になる

ここサウス・ビーチのホテル・ヴィクターにチェックインしてから、この項を書きました。二、三カ月前に改装しているのを見かけたので、こんどマイアミを訪れるときは確認してみようと心の片隅にとめておいたのです。だからここにいて、感動したいと思いながら待っています。退屈で、景気がわるくて、活気のないビジネスが多いこの世の中で、このホテルについてなにかいいことをお知らせしたくてうずうずしているのです。

旅をするとき、わたしは新しいホテルに泊まるのが好きです。顧客サービスに関して、なにをすべきなのか（たいていは、なにをすべきでないのか）を観察し、しゃれたデザインをじっくりながめます（刺激されていいアイディアが浮かび、ＣＤのカバーから身につけるものまで、わたしたちのチームがつくる製品の参考になります）。

そして、**わたしたちが生活しているこの〝経験経済〟のなかで、顧客は最初から最後までわくわくさせてくれる旅をしたがっている**、ということをホテルが理解しているかどうかを確認します。


朗報です！　このホテルはじつにみごとです。足を踏みいれたとき、ドアマンが大きな笑みを浮かべて、心のこもった挨拶をしてくれました。内部はとてもしゃれたデザインです（サウス・ビーチ特有の純白ではありません。純白はかつてはいい感じだったので、だれもがまねしました――その結果、いい感じではなくなってしまったのです）。多くの緑とあざやかな色。セクシーな音楽と雰囲気。

フロント・デスクのすばらしいスタッフ――わたしがチェックインの手続きをしているあいだ、ライムのスライスをそえたエヴィアン水のグラスとともに、またしても笑顔が提供されました。そして、今夜はMTVのビデオ・ミュージック・アウォーズがプールサイドでザ・キラーズのビデオ撮影をすることになっていたので、スタッフのカリンは、すべて見わたせる部屋がよろしいですか、ときいてくれました。もちろん――どうせ、そんなにたっぷり睡眠をとる必要はないのですから。

ビジネス魂

ベルマンのエリックは、運動施設とスパに案内してくれました。ロンドンのサンダーソン・ホテル以来、わたしがホテルで見た最高のジムです。そして、部屋もみごとです――アール・デコの様式で、非の打ちどころがないくらい清潔で上品にまとまっています。すべてがきわめて感動的です。じっさい、茫然とするくらいに――それは、ぜひ泊まられることをお勧めするわたしの基準です。

ホテル・ヴィクターは、約束は控えめで、期待以上のものを提供してくれました。ホテルはわたしの心をつかむ機会を得ました。そして、よく訓練されたスタッフ、みごとに維持された独自の施設、すばらしい応対を通じて、わたしの心をつかんだのです。

いま、わたしは階下へおりて、料理を試そうと思っています（だれもが絶賛するそのレストランには、千種類のスパイスをおさめるラックをもっているシェフがいるそうです）。わたしはきっと歓声をあげることでしょう。

ポイント・メモ

75

よい人間関係をきずく十一のアイディア

人間のもっとも強い欲求のひとつに、なにかの一員でいたいという欲求がある、と優秀な心理学者ならいうでしょう。他人とつながっていると感じるとき――コミュニティの一員になるとき――わたしたちはとてもしあわせな気分になります。

ビジネスでずばぬけた業績をあげる人は、同僚や顧客との人間関係をきずくことを優先します。まわりの人びととつながることは、時間の浪費とは見なされません。そうではなく、きわめて賢い時間の使い方なのです。

リーダーシップ開発の専門家として、わたしはいっしょに仕事をしている企業クライアントと、人や人間関係を優先させる文化をきずこうとしています。それは、コミュニケーション（意思の疎通）、コラボレーション（協調）、安定した業績を促進します。

評価されていると感じるとき、人は輝きます。ここに、一見やさしそうに見える十のアイディアがあります。まったくあらたなレベルの高い業績を達成するべく、わたしたちがリーダーシップのコーチをしている企業の従業員が、人間関係をきずくときに役立ったものです。

ビジネス魂

1 あなたが知っているもっともポジティブな人間になってください。
2 誠実になり、正直に話してください。
3 時間を守ってください。
4 「お願いします」と「ありがとう」をいってください。
5 控えめの約束で、期待以上のものを提供してください。
6 会ったときより、人びとを向上させてください。
7 友好的になり、思いやりをもってください。
8 超一流の聞き手になってください。
9 他人に強い興味をもってください。
10 おおいに笑顔を見せてください。

ボーナス・ポイントをお教えしましょう。

11　敬意をもって人と接してください――つねに。あなたの生き方だけでなく、指導法も変えてしまうかもしれない、きわめて影響力のある法則を発見しました。尊敬されるためには、敬意をはらわなければなりません。

わたしはときどき、尊敬されているコンサルタントの話をします。彼はある大きな組織の経営陣に大金で雇われ、長年にわたって蓄積した英知を授けていました。そのコンサルタントが会議室に入っていって、あつまっている人びとをじっと見つめました。やがてマーカーを手にとり、背後のホワイトボードにこう書いたのです。

「敬意をもって人と接すること」

彼は重役たちに向かってにっこり笑いました。そして、部屋をあとにしたのです。

リーダーシップ 76〜86

「余っている人」から役割の自覚へ

なによりも大切なのは細部だ。神は細部に宿るから、それらを正しく理解しなければ、神の姿を見ることはできない。

(スティーヴン・ジェイ・グールド／古生物学者・進化生物学者)

リーダーの最初の役割は、現実を明確にすることである。そして、最後の役割は“ありがとう”ということである。

(マックス・デプリー／「ハーマン・ミラー社」元CEO)

76

肩書きのないリーダーになる

リーダーシップの開発と成長をお手伝いするために組織に行くと、クライアントから、従業員がリーダーシップについて理解するのを助けてもらいたい、とよく頼まれます。リーダーシップは、名刺に書いてある肩書きやオフィスの大きさとは関係ありません。どのくらいの金額を稼ぐか、どんな服を着ているかに関することでもありません。

リーダーシップは哲学です。心構えです。精神状態です。影響を与える方法です。そして、わたしたちのだれもが手に入れることができます。あなたが組織内でなにをしていようと。

スタンフォード大学ビジネススクールの学長であるロバート・ジョスは、その点について申し分のない主張をしています。

リーダーシップ

「リーダーシップというのは、組織の繁栄と成長のために全面的に責任をとり、組織をよい方向に変えていくことです。真のリーダーシップは、名声、力、地位に関するものではありません。責任に関するものです」

わたしがいっしょに仕事をしているすべての従業員グループに、謹んで提案します。肩書きなしで指導してください。

ひとつ、例をあげましょう。わたしは機内や旅ですごす時間が多いので、旅行かばんをすぐにだめにしてしまいます。ロシアへ行ったあとで(ところで、死ぬまでに訪れる場所のリストに、サンクト・ペテルブルクはぜひ加えるべきです)、機内持ちこみ用かばんのハンドルが壊れてしまったのです。

とにかく、わたしはトロントにある取扱業者、エヴェックスにかばんを持ちこみました。カウンターにいた若い男性はすばらしい応対をしてくれて、数日でハンドルは直りました。完璧です。

ところが、ちょっと前にニューヨークにいたとき、ハンドルがまた壊れてしまったのです。ふたたびエヴェックスに行ったのですが、修理代は払わなければならないだろうと覚悟していました。ほとんどの商売は、顧客に数多くのハードルを跳ばせます。レシートを保管していないと、運がわるいことになります。最初に修理した人がわからないと、役に立ってもらえません。その店で買っていないと、あなたは存在すらしないことになってしまいます。

ところが、エヴェックスはちがいます。彼らはわかっています。顧客を大事にしないとビジネスが成り立たない、ということを理解しています。毎日、だれがテーブルに食べ物を運んできてくれるかを忘れていないのです。王族と接するように顧客に応対すれば、あなたのビジネスは勝利をおさめるしかないでしょう。

ハンドルがまた壊れてしまったことを説明すると、カウンターにいた若い女性は、一瞬のためらいもなく、わたしが直面している問題に関して謝罪しました。そして、こういったのです。

「三日以内にかばんを完璧な状態に修理するとお約束します。もちろん、代金はけっこうです、サー」

前回修理したときのレシートを要求するような、お役所的なところはありませんでした。わずらわしい手続きも。なんの問題も。みごとな笑顔で、すばらしいサービスを提供してくれたのです。

その女性は真のリーダーシップを発揮してくれました。すばやく問題を判断して、個人で責任を負い、正しい決断をしたのです。「解決の部分」対「問題の部分」です。そして、その過程で、彼女は顧客をうならせました。彼女はオーナーではありません。管理者でもありません。マネージャーでもありません。肩書きのないリーダーなのです。

リーダーシップ

ポイント・メモ

77

自分の役割を知る

講演が終わると、多くの管理職がわたしのところへやってきて、「だれもがリーダーになる必要がある」という意見についてきいてきます。

べつのところでいったように、わたしのリーダーシップ・セミナーでは、企業が偉大さに到達するためには、チームの全員が自分自身をリーダーと見なす必要がある、という点をいつも強調しています。

最高の企業は、競争相手よりはやく、組織のいたるところでリーダーを育て、リーダーシップの可能性を開発しています。その実現にもっとも重点をおいているのです。しかも、すみやかなる実現に。べつの項でも述べましたが、繰り返すだけの価値はあります。

でも、だれもが会社を経営すべきだといっているわけではありません。それは意味をなしません。だれもがリーダーなのですが、全員がおなじことをするのではないのです。違いをわかってもらうために、比喩を使いましょう。

わたしはロック・バンドのU2が大好きです。ボノはリード・シンガーです。ラリー・ミューレン・ジュニアはドラマーです。ラリーがリード・シンガーになろうとして、困惑したボノがドラムをたたきはじめたら、まちがいなく大混乱になるでしょう。あるいは、ツアー・マネージャーが、自分は一晩だけボノになれると思ってステージにあがってしまい、ボノが楽屋にいる姿を想像してみてください。まずいですね。

自分の役割を知ってください。だれもがリーダーのようにふるまう必要があるのです――なにをしていても。全員が、リーダーシップを発揮する必要があるのです――地位や身分に関係なく。

つまり、だれもが文化をきずくために自分の役割をはたす必要があります。だれもがポジティブで、激励する人間になる必要があります。だれもが顧客をしあわせにして、ブランドを守る必要があります。

だれもがリーダーです。でも、全員がおなじではありません。

リーダーシップ

78

自分を「なおいっそうの努力」へと仕向ける

コルビーとビアンカ（息子と娘）を車で学校まで送り、オフィスに向かって運転しているとき、ふと思いついたことがあったので車を停めました。すぐにみなさんに伝えようと思って、車を路肩に寄せ、ハザードランプを点滅させたまま、情報端末に打ちこんでいます。

将来に向けての大きな提案です。リーダーシップ——と成功——は、「なおいっそうの努力」から始まります。

リーダーシップが発揮されるのは、疲れた一日の終わりに販売員が念押しの電話をかけるときです——それは簡単なことだからではなく、やるべきことだからです。

リーダーシップは、完璧な報告書を書き終えたマネージャーが、しばらくしてから見直し、内容にさらにみがきをかけるときに発揮されます。リーダーシップは、

リーダーシップ

チームが顧客との大切な約束をはたしたあとで、さらに深く掘りさげて相手を感心させるときに発揮されます。リーダーシップは、寒い日にぐずぐず寝ていたい衝動と闘い、ランニング・シューズをはいて歩道を力強く走るときに発揮されます。霜のおりた朝に何マイルも走るのが楽しいからではありません。**それは、賢明なことだからです。**

そのことについて考えてみてください。わたしはきわめて重要なことだと思います。非凡な生涯と驚くべき人生をきずきあげている人たちは、ほとんどの時間を「なおいっそうの努力」にあてています。そうです、ふつうの人たちは「なおいっそうの努力」にあまり時間をかけません。でも、あなたはふつうの人ではないですよね？

ポイント・メモ

79

小さなことにも細心の注意をはらう

じつにさえない瞬間でした。わたしはランチから帰ってきたばかりです。いつもの店へ行って、サブマリン・サンドウィッチをテイク・アウトしました。聞いてください。デビット・カードを読み取り機に通したあとでレシートを調べたら、請求額が五百七十七ドル八十九セントになっていたのです。その店はおいしいサンドウィッチを売っているのですが、わたしにはいささか贅沢すぎる額でした。みなさんに、このちょっとした事件から学んだ、リーダーシップに関する二、三の教訓をお教えしたいと思います。

1　OAD

すばらしいビジネスは、細部にまで驚くほど気を配っています。わたしは、ハーヴァード大学の古生物学者・進化生物学者、スティーヴン・ジェイ・グールドがかつていったことばがお気に入りです。

「なによりも大切なのは細部だ。神は細部に宿るから、それらを正しく理解しなければ、神の姿を見ることはできない」

わが社では、ＯＡＤについて話します。細部への異常なまでの配慮《オブセッシブ・アテンション・トゥ・ディテール》。わたしがいっしょに仕事をした数々の最高の組織は、小さなことに細心の注意をはらっていました。彼らは、顧客がありとあらゆる細部に気づくことを理解しています。

わたしがサンドウィッチを買った瞬間、カウンターの奥にいた女性は注意をはらっていませんでした。五ドル七十七セントと打つべきだったのです。大失敗でしょう。しかも、彼女のボスは彼女の横に立っていたのです。うーん。わたしは寛大になって、彼女の顔をつぶさないようにしました。多くの人はそうはしなかったでしょう。

２ 個人的責任をとる（しかも迅速に）

請求額を調べて、（とんでもない）まちがいに気づいたとき、わたしはその女性に丁重に伝えました。彼女の答えは型どおりのものでした。

「金額を了承される前に、確認しなかったんですか？」

もはや、だれも責任をとりたがりません。ほかのみんなを非難します。しばらくしてから彼女は分別をとりもどし、平謝りしてくれました。自分のしたことを目のあたりにしたとき、彼女が怖くなったのはわかります。怖くなると、ほとんどの人は冒したミスの痛みを避けるために他人を非難するのです。

3 注意をはらう

請求額を調べたので助かりました。ときどき、うわの空で忘れてしまうのです。どうしたら世の中を変えられるだろうか、と夢見たりしていて。でも、超一流のリーダーたちは心を集中しています。その瞬間を生きているのです。

あの店には、また行くと思います。オーナーはサブマリン・サンドウィッチを無料にしてくれましたし、全員が恐縮していました。

でも、彼らの信頼度はかなり低下しているので、わたしの信用をとりもどす必要があるでしょう。そうなってくれることを祈っています。ほんとうにおいしいサンドウィッチを提供しているのですから。

リーダーシップ

ポイント・メモ

80

CEOのように行動する

数カ月前、わたしはインドにあるサティアム・コンピュータ・サービスのリーダーシップ・チームに話をしました。

驚くべき企業です。アジアでもっとも成長がはやいIT企業のひとつです。十年もたたないうちに、ゼロから十億ドル規模になりました。二万三千人の従業員を抱えていて、会長は明確なビジョンをもった人物です。彼の強烈なアイディアのひとつを紹介しましょう。

サティアムには千五百人のトップ・マネージャーがいます。彼らは千五百の異なる部と機能を管理しています。ですから、会長は彼らに、きみたちはじつはマネージャーではない、といいます——彼らは独立した小規模ビジネスのCEOなのです。親法人は、彼らがご機嫌をとらなければならない〝投資家〟にすぎません。

リーダーシップ

親法人は彼らに、資源と建物と機会を提供します。彼らは結果で返せばいいのです。

そのコンセプトによって彼らはやる気になり、自分たちの機能分野をもって、起業家さながらにふるまうようになります。真のリーダーのような行動をとるのです。**自信がめばえて、問題をそのままにしておくより、解決にあたるようになります。**すばらしいではありませんか。

あなたは自分の機能分野のＣＥＯです。貴社には財務職能がありますか？　あなたはその分野、その小規模ビジネスのＣＥＯです。

人事部で働いているのですか？　それはあなたの小規模ビジネスです。

一日の終わりに清掃をしていますか？　あなたが管理している清掃ビジネスは親会社に貢献しているのです。

自分のビジネスを成功させるために、個人的な責任をとってください。起業家のような気持ちになってください。売り上げを伸ばしましょう。コストをカットするのです。いい仕事をしましょう。あなたは職場できっと輝きます。そして、ＣＥＯはあなたをとても大切にしてくれるでしょう。

81

社会貢献の意志をもつ

実行すればあなたの組織に（そして、あなたの経歴に）すばらしい影響をもたらす、簡単なアイディアがあります。

人びとは、いい企業で働きたがっています。経営状態がいいだけでなく、よりよい世界をきずく役割をはたしている企業で。いいビジネスは、ビジネスにいいのです。ちょっと思いついた、やすっぽいスローガンではありません。世界中に実在する企業で、実在する人たちとともに仕事をしながら、わたしが気づいたことです。

最良の企業には、従業員と顧客を厚遇するための、気高い目的と明確な意志があります。すばらしい企業は、大きな利益を生むことが不可欠ないっぽうで、社会的な責任を負っていることもわかっています。わたしたちの多くのクライアントは、恵まれない人たちを助けたり、コミュニティを向上させたりする計画を立ちあげています。とてもすばらしいことです。

ビジネス界では、誇りについてあまり語られません。残念です。毎日、人びとは胸に誇りを抱いて職場に行きたいと思っています。自分たちの企業――そして、自分たちのしている仕事――が、生活の質を向上させ、影響をおよぼしていることを知りたいのです。

ビジネス界の哲学者であるピーター・ケステンバウムは、すばらしい著書『Leadership: The Inner Side of Greatness（リーダーシップ　偉大さの内側）』のなかで、じつにうまい表現をしています。

「なにはさておき、ビジネスは個人および組織としての偉大さに到達する手段です。尊く気高いなにかを成就するために。ビジネスは、人が社会に重大な貢献ができるようにする、ひとつの制度なのです」

リーダーシップ

本書の隅々で提案しているように、わたしたちのだれもが肩書きなしで指導することができます。全員が影響力をもっています。みんなが職場で――そして、コミュニティで――役に立てます。ですから、ボランティアになってください。チャリティに寄付しましょう。収入から、りっぱな大義に十分の一税をおさめてください。そして組織としては、困っているコミュニティを援助する計画を立ちあげるのです（基金を設けたり、有望な独創力を支援したりして）。

よりすばらしい貢献をすることに打ちこんでください。めざましい採算性だけでなく、社会的責任のために戦うのです。あなたは最高の才能をたもちながら、さらに多くを引き寄せるだけでなく、顧客から尊敬されるでしょう。いいビジネスは、ビジネスにいいのです。そして、与えることが、受けとるプロセスの始まりなのです。

ポイント・メモ

82

人気取りより、フェアでいる

あなたの一生の仕事（と生活）を一変させるかもしれないアイディアがあります。リーダーたることは（思うに、肩書きや地位とは関係なく、わたしたち一人ひとりには、日々、リーダーシップを示す義務があります）、みんなから好かれることではありません。それは正しいことをすることです。多くのリーダーが軋轢《あつれき》を恐れています。人気があって大切にされたいという、抜きがたい欲求をもっています。人を怒らせたり、波風を立てたくないのです。自信がなく、あるがままに生きることに心地よさを感じられません。

でも、偉大なリーダーはちがいます。彼らは恐れることなくむずかしい判断をくだします。本心を打ち明けます。自分自身のレースを走り、正しい判断をして、世間の思惑をあまり気にしません。勇気をだして行動します。

人びとを気づかい、敬意をはらうことに関して、わたしはあちこちで話し、書いています。従業員を大切にすれば、彼らは顧客を大切にするでしょう。とても簡単なことです。

人びとが目標にたどりつくのを助けてあげれば、彼らはあなたが目標にたどりつくのを助けてくれます。わたしはこの価値観を墓までもっていくつもりです。人びとのなかに最善のものを見いだし、もっとも思いやりのある人間になってください。でも、心やさしいということは弱々しいという意味ではありません。いい人間でいることは、状況がもとめるときに強く勇敢である必要はない、ということではありません。そんなことは、一度もいっていません。

すばらしいリーダーシップとは、やさしいながらたくましい、思いやりがありながら勇敢である、聖人であると同時に戦士でもある、友好的ながら断固としている、というバランスの問題です。

（ところで、あなたが個人的にも職業的にも超一流になるお手伝いをするために、わたしは「すばらしいリーダーシップ」という、アイディア豊かでとても実用的なオーディオ・プログラムを録音しました。リーダーシップに関する最高のアイディアがつまっています。みなさんへの贈り物として、robinsharma.com で無料でダウ

ンロードすることができます）

リーダーシップ

最高のリーダーたちがほんとうに気にかけているのは、フェアでいるということだけです。正しいことをして、結果をだす。ですから、おだやかな提案をします。俗受けすることより、正しいことをしてください。やるべき最善のことは、たいていやるのがもっとも困難なことです。それを忘れないでください。むずかしい判断をするのです。正直に話すのです。出来のわるい人間には、出来がわるいと伝えてください。あなたのスーパースターたちに、どんなに愛しているかを話してください。正直になるのです。

真実、正義、公正、美徳という立場から指導すれば、きっと批判を受けるでしょう。いいではないですか。死の床に批判者があらわれるのなど見たことがありません。

わたしの友人で、ロスアンジェルスでウィンプラスというすばらしい企業を経営し、いっしょにリーダーシップ開発事業をやったことがある、ダン・シーハンという男性は、かつてこういいました。

「偉大な人物は、批判者たちが投げた石でモニュメントを建てる」

いい意見です。賢い人物です。すべての批判者の話に耳をかたむけていたら、わたしはいまだにデスクにへばりついている不幸な弁護士のままでしょう。ありがたいことに、わたしはそうはしませんでした。

ポイント・メモ

83

人びとのなかに最良の部分を探す

　悲しいことに、多くの人が他人の最悪の部分を探そうとします。自分たちの怒り、不安、限界という目をとおして見ているのです。だれかがミーティングに遅れてくると、その人にネガティブな意図を負わせようとして、「ずいぶん失礼だな」といいます。だれかが経費報告書でミスを犯すと、「あの人は正直じゃないわね」と文句をいいます。だれかがまちがって伝えると、「彼女は嘘つきだな」と陰口をたたきます。

　真のリーダーはちがいます。彼らは人びとの最良の部分を探そうとします。GEの元CEOのジャック・ウェルチは、うまい表現をしています。

「きみのもっとも大切な仕事は、部下たちを育て、彼らに夢に到達するチャンスを与えてやることだ」

はっきりさせておきましょう。わたしは、リーダーたちが現実を避けているといっているわけではありません。まったくちがいます。必要とあらば、彼らはきびしい要求をします。べつの項でも述べましたが、最高の人たちは、みんなから好かれたいと気にしたりしません。良心が正しいということをするだけです。わたしがいいたいのは、最高のリーダーは「理解」という目をとおして見ている、ということです。

だれかが遅れてきたら、彼らは真実を知ろうとします。指導しなければならないほど時間管理に問題があるのか、子どもが病気になってしまったのかもしれません。経費報告書のミスは、手順がお粗末だった結果か、従業員が混乱していた可能性があります。まちがって伝わったのは、その人物が伝えることが苦手だったからかもしれません。改善するいい機会です。

きょうは、人びとのなかの最悪な部分ではなく、最良の部分を探すようにお勧めします。

たしかに、礼儀をわきまえず、不正直で、無頓着な人もいます。でも、わたしの経験でいうと――わたしは長年にわたって多くの人びとと仕事をしています――ほとんどの人は善良です。

リーダーシップ

朝、起きて、「きょうはなにをして他人の一日をぶち壊してやろうか？　どうやっておれの信頼を傷つけようか？　いかにしてわれわれのビジネスをだいなしにしてやろうか？」と自問する人はほとんどいません。人が犯すまちがいのほとんどは、自覚が足りない結果です。ほとんどの人は慎重さに欠けているだけです――ですから、個人攻撃はやめましょう。

最後にひとこと申しあげます。人びとのなかに善を探していると、彼らはもっと全面的にすばらしさを見せてくれるだけでなく、あなたの世界でもさらなる善が見つかるでしょう。

ポイント・メモ

84

「ありがとう」を頻繁にいう

たまに、感謝の心のないことがちょっと気になるときがあります。わたしはみなさんが最高の人生に到達できるよう、きちんと接し、勝利のお手伝いをして、祝福しようと心がけています。でも、ときどき、魔法のことばを聞きたくなります。

「ありがとう」と。

そう、報酬を期待してだれかのためにいいことをしてあげれば、それは贈り物にならないのはわかっています。それは取引です。いいことは、いいことをする人びとに起きるのもわかっています。人生にはじつに公平な会計システムがあって、種を蒔《ま》いたように収穫がある、ということも知っています。それでも、その魔法のことばをもっと頻繁に聞きたいものです。

リーダーシップ

先日、友人といっしょに朝食をとりました。組織内の多くの人たちが、最高の可能性――リーダー、そして人間として――を自覚するのを手伝っている人物です。彼はわたしを見て、こういいました。

「ロビン、長いあいだ仕事をしているけど、わたしがしたことに感謝のことばをいってくれた人は、片手で数えられるよ」

きわめて現実的な問題を申しあげましょう。ギャラップ調査によれば、従業員が組織を辞める理由でいちばん多いのは、十分な報酬を受けていないからではありません。十分に感謝してもらっていないから辞めるのです。だれも「ありがとう」をいわないから、才能ある人たちは競争相手のもとへ行ってしまうのです。

アメリカの家具メーカー、ハーマン・ミラー社の元ＣＥＯであるマックス・デプリーは、賢くもこういいました。

「リーダーの最初の役割は、現実を明確にすることである。そして、最後の役割は〝ありがとう〟ということである」

ですから、きょう、時間をとって、あなたが人生で大切にし、感謝し、おかげさまで助かりましたといわなければならない人たちについて考えてください。心をこめた「ありがとう」をいいましょう。その魔法のことばにお金はかかりません。でも、そのことばは世の中に影響をおよぼすでしょう。

ポイント・メモ

85

「リーダーシップ文化」の手本になる

わたしたちがさまざまな企業に提供して、マーケットで超一流になるお手伝いをしているトレーニングプログラムのひとつは、「リーダーを育てる」と呼ばれています。NASAや大手製薬会社のワイエスもふくめた、世界中の組織がわたしたちのユニークな方法を取り入れて、従業員の参画を増やし、文化を高め、劇的に実績を伸ばして、堂々たる業績をあげています。

「リーダーを育てる」は、シンプルながら強力なコンセプトにもとづいています。あなたの企業が競争で最終的に優位に立てるかどうかは、つまるところ、たったひとつの責務にかかっています――それは、競争相手よりはやくリーダーたちを育てあげる能力です。社内の各個人がリーダーシップ行動をとるのがはやければ――地位にかかわらず――それだけレースの先頭にたつのもはやくなります。肝心なことは、競争相手よりはやくリーダーを育て、〝リーダーシップの文化〟を伸ばすことです。

リーダーシップの文化は、全員がオーナーのように、CEOのように、取締役のように考える文化です。つまり、彼らは問題ではなく解決策のほうに焦点を合わせます。顧客を満足させるためならなんでもやるようになります。売り上げを気にするようになり、コスト削減に関する自分の役割をはたします。ビジネスを前進させるだけの結果をだすために、個人で責任をとるようになります（郵便室で働いていようと、役員室にすわっていようと）。

つまり、彼らは文化をきずきあげ、ポジティブでありつづけ、みずから手本となって指導するのです。わたしたちはクライアントがリーダーシップの文化をきずくのをお手伝いしてきましたが、その結果は驚き以外のなにものでもありません。

おわかりいただけたでしょうか。

わたしは、だれもがCEOや取締役の仕事をする必要があるといっているわけではありません。リーダーシップを発揮するということは、全従業員が組織を運営するということではないのです。そうなれば、大混乱におちいってしまうでしょう。

リーダーシップ

ビジネスに必要なのは、ビジョンを示し、そこをめざしてチームを指導する人物です。

わたしが申しあげたいのは、あなたのチームのだれもが役割を自覚して、その役割に取り組む必要がある、ということです――リーダーのように。そうなれば――彼らがリーダーのように考え、感じ、行動すれば――かならずいいことが起きます。あなたの組織はすぐに伸びるでしょう。

86

「リーダーシップ文化」を育てる五つの方法

最近、ハイテク・マネージャーのグループにおこなったリーダーシップの訓練プログラムで、上品な感じのする男性が休憩時間にわたしのところへやってきて、こういいました。

「われわれ各自が組織内にリーダーシップ文化を育てる必要がある、とおっしゃったのはとてもいいですね。わが社の最優先事項のひとつは、文化に取り組むことなんです。いつもその点について話しています。去年、わが社は六百パーセントの成長をとげました。文化形成に焦点をあてたのが、みごとに功を奏したのです」

じつにすばらしいことです。

前項でも提案したように、競争で十分に優位をたもてることのひとつは、「リーダーシップ文化」を育てることでしょう。クライアントが組織開発と従業員教育の

リーダーシップ

ためにシャーマ・リーダーシップ・インターナショナルと契約するとき、わたしたちがまず焦点をあてるのは、企業の文化を育てる部分です——というのも、あらゆる実績は文化が決定要因になるからです。あなたがたの製品がいいものであれば、競争相手はそれをまねするでしょう。サービスをまねするでしょう。ブランド設定《ブランディング》をまねするでしょう。

しかし、あなたがたの文化をまねすることはできません。そして、文化こそが、あなたがたの組織を特別な存在にしているのです。あなたがたの組織の文化は、行動基準を決める——そして推進する——ものです。あなたがたの文化は従業員に、なにが許容できて重要であるかを語ります。あなたがたの組織がなにを重んじているのかを知らせます（たとえば、誠実、イノベーション、絶え間ない向上、顧客をうならせること、コラボレーション、率直さなどなど）。あなたがたの組織の文化は、その哲学、神話、宗教を明確に提示します。わたしにいわせれば、文化は王《キング》なのです。

文化をきずく五つの最良の方法は以下のとおりです。

1　儀式

わたしは文化《カルチャー》にふくまれる〝カルト（儀式）〟が好きです。デル、グーグル、サウスウェスト航空、アップル、ウォルマートといった優良企業は、カルトに関して共通のものがあります。たとえば、午前七時のチーム協議や金曜日の午後のピザ・パーティといった儀式で、チームのきずなを深めているのです。儀式は文化をかたちづくり、特別なものにたもちます。

2　称賛

数十億ドル規模のボストン・サイエンティフィック社を創立したジョン・エイブリーは、かつて夕食の席でわたしにこういいました。

「褒めたたえれば、それを手に入れることができる」

説得力のある考え方です。あなたがたの文化が信じている価値を実践している人物を見かけたら、彼らをみんなのヒーローにしましょう。報いられる振るまいとは、繰り返される振るまいです。善良な人たちを見つけてください。

3　会話

従業員はリーダーたちの話すとおりになります。あなたのビジョンと価値観を彼らの心にとどけるには、いつもそのことを話している必要があります——従業員集会で、週ごとのミーティングで、日々の会議で、ウォーター・クーラーの前で。つねに、あなたがなにを信じているかを説く必要があります。二十世紀最高の経営者と呼ばれているジャック・ウェルチは、すばらしい著書『ウィニング　勝利の経営』のなかで、かなり時間をかけてGEの使命を伝道してきたので、夜中の三時に従業員に電話をかけても、彼らは——寝ぼけながらも——それを復唱できる、といいました（もちろん、彼はそんなまねはしていません）。

4　訓練

文化をきずくために不可欠な重点は、従業員の能力開発です。あなたの組織でいちばんの財産が従業員であることに同意するのであれば、いちばんの財産の能力開発に大きく投資しなければ筋が通りません。あなたがはぐくもうとしている価値を浸透させ、彼らの心と頭にリーダーシップ文化を組み入れるために、セミナーとリーダーシップのワークショップを開催してください。従業員が向上すれば、あなたの会社も向上するでしょう。

5　口承

偉大な企業には文化があり、すばらしい話が世代から世代に語り継がれています。いかにしてその企業が地下室で産声をあげたか、いかにしてチームメイトが「なおいっそうの努力」をし、顧客の赤ん坊をとりあげたか、いかにして組織が反撃し崖っぷちから勝利をおさめるにいたったか、といった話が。口承は、企業がいちばん大切にしている理想を従業員の心に刻みこんでくれます。

日々、出勤するたびに、従業員はコミュニティの一員であることを感じたがっています。人間のもっとも深い心理的要求のひとつは、帰属意識です。同時に、自分たちを重んじてくれる組織で働きたがっています。個人の成長を奨励し、夢に貢献していると感じさせてくれる組織で。「リーダーシップ文化」をきずいて、そういったことを明確にすれば、あなたは人材を確保しながら、さらにべつの人材を呼びこむことができるでしょう。完璧だと思いませんか？

品格ある人間 87 ～ 93

「やらない後悔」から実行する人へ

わたしたち一人ひとりが自宅の玄関の前を掃除するだけで、全世界はきれいになるでしょう。

（マザー・テレサ／修道女）

自分がちっぽけでなんの影響力もない存在だと思うなら、部屋に一匹の蚊を入れて寝てごらんなさい。

（アニタ・ロディック／「ボディ・ショップ」創設者）

87

よいことを、ひとりから始める

偉そうな質問をします。

「新しい、よりよい世界をつくるために、あなたはなにをするつもりですか?」

政治家を責めないでください。まわりの人たちを責めないでください。親や自分の生い立ちを責めないでください。それでは犠牲者を演じることになってしまいます。すぐれた才能を分けあたえ、大きな影響をおよぼせるのに、世の中には犠牲者を演じる人たちが多すぎます。マザー・テレサは、わたしよりはるかにたくみに表現しています。

「わたしたち一人ひとりが自宅の玄関の前を掃除するだけで、全世界はきれいになるでしょう」

品格ある人間

他人を責めるのは弁解にすぎません。自分——たったひとりの軍隊として——は影響力をもてないと自分にいいきかせるのは、力を見捨てていることになります。

ちょっと前に襲ってきたハリケーンのあとで、街に足を踏み入れることができないとみんながいっているとき、ふたりの男子大学生がからっぽのスクール・バスを調達してきて、破壊された地区に乗り入れました。腰巻を身につけた、マハトマ・ガンジーと呼ばれる小さな男は、全国を解放しました。ローザ・パークスという女性が、黒人を差別する市バスの乗車拒否をしたことから、公民権運動に火がつきました。ふつうの人たちが、ふつうではないことをできるのです。

ボディ・ショップの創設者、アニタ・ロディックがかつていったことばは、わたしのお気に入りです。

「自分がちっぽけでなんの影響力もない存在だと思うなら、部屋に一匹の蚊を入れて寝てごらんなさい」

わたしが「ジェニファー・アニストンの法則」と呼んでいるものを指針にしてく

ださい。女優のアニストンは、『ヴァニティ・フェア』誌（日本では『VOGUE NIPPON』二〇〇五年十二月号）のインタビューに答えて、深く考えさせるあるできごとを体験したあとで、一日だけ犠牲者を演じることをわが身に許した、といっています。

無力感に打ちひしがれ、落ちこんでしまったその日以降、彼女はめざめて、自分の人生を受け入れます。その問題における自分の役割――たとえそれがわずか一パーセントであっても――に個人的な責任をとります。それは、個人的なリーダーシップが発揮されているということです。あなたがどんな人間で、どこの出身か、ということは関係ありません。

「勝利する能力はあなたから始まるのです。いつも」

と、エンターテインメント界のスーパースター、オプラ・ウィンフリーはいっています。

生活、働いている組織、住んでいる国の、どこが好きではないのですか？リストをつくってください。書きだすのです。大声で読みあげましょう。そのうえで、ものごとを向上させるなにかをするのです。なんでもかまいません。小さなことから始めてもいいし、大きなことからでもいいでしょう。

選ぶ力を発揮すれば、どうなると思います？　あなたの力は成長します。そして、自分の影響力がおよぶ範囲であなたが事態をいい方向へもっていこうとすれば、どうなるでしょう？

あなたの影響力がおよぶ範囲がひろがるのです。

ですから、自分の役割をはたしてください。きょう。いま。世の中はますますよくなるでしょう。

品格ある人間

ポイント・メモ

88

激励する人間になる

先日、息子を学校まで車で送ったとき、彼が教室に入るさいにしたことがなかなか面白かったのです。息子は友だちのひとりの横を通りすぎて、こういいました。

「なにむっつりしてるの、きみ?」

とても深刻な顔をしていたその友だちは、顔をあげました。で、ふたりしていきなり笑いだしたのです。わたしは思わずほほえんでいました。そして、考えさせられました。

生活の場とおなじように、ビジネスの場におけるすばらしさは、激励してくれる人によってもたらされるのです。わたしたちは、態度や存在そのもので人びとを元気にしてあげる必要があります。

落ちこんだり、悪戦苦闘したり、自分の可能性を疑ったり、親切なことばをかけ

てほしがったりしている人を見かけたら、助けてあげる義務があるのです。

たぶん、「なにむっつりしてるの、きみ？」と声をかけて。

ほかの人間――同僚であろうと、家族であろうと、友人であろうと――を指導し、向上させるいちばんいい方法は、あなたが見たい振るまいをしてみせることでしょう。他人に影響をおよぼすいちばんいい方法は、みずから手本を示すことです。ことばより、あなたの生活によって、よりよい教訓を与えることができます。口でいうだけなら簡単です。非凡な人間は身をもってメッセージを生きています。有言実行しているのです。そして、なににもまして、彼らは激励してくれます。あなたはどうですか？

もっともうれしかった褒めことばのひとつは、キャン‐フィット‐プロという大きな組織のために、二千人のフィットネスのプロの前で基調講演をしたあとで、ある女性からいただいたものです。

「ロビン、あなたの講演はとてもすばらしかったわ」彼女は感無量の口調でいいました。

わたしはその理由をききました。

「それがよくわからないの。あなたは、もっといい人間になりなさいと励ましてく

品格ある人間

ださっただけなのに」

わたしたち一人ひとりが、日々、激励するリーダーになるための役割をはたしたら——もっといい人間になるよう、彼らを励ましたら——わたしたちが働いている職場、住んでいるコミュニティ、歩いている地球はどんな様相を呈するでしょう？

暗闇を呪うか、ロウソクに明かりをともすか。わたしたちの世界はもっと明かりを必要としています。照らしてください。きょう。

ポイント・メモ

89 ささやかな影響力をもつ

いつもより早起きして、この項を書いています。

気分を落ちつかせる、インドの美しい音楽を聴きました。日誌を少し書きました。いかにわが子たちを愛しているかを書きました。自分の人生がどの位置にあるかを書きました。どこへ向かいたいのかを書きました。影響を与えたくてたまらないことも書きました。リーダーシップ――人間としての――とは、影響力をもつことです。影響をおよぼすことです。きたときより、ものごとを向上させて帰ることです。

イスラエルの元首相であるシモン・ペレスと会ったとき、人生の目的はなんであるべきかをききました。彼はためらうことなくこう答えました。

「**自分自身より大きな目標を見つけ、それに生涯をささげることでしょう**」

わたしたち一人ひとりが人生の目標か目的を見つけ、熱をこめて追求したら、この世界はどんなふうに見えてくると思いますか？　憎悪や戦争が減って、愛が増えるでしょう。公民権運動を指導し、マーティン・ルーサー・キング牧師の夫人でもあるコッレタ・スコット・キングは、こういいました。「偉大な目標のために喜んで犠牲をはらうのであれば、けっして孤独にはなりません」

アップル社のＣＥＯであるスティーヴ・ジョブズは従業員に向かって、最高の状態をみせていれば、「宇宙でささやかな影響を与える」チャンスが訪れるだろう、とよく話していました。ジョブズはよくわかっています。

たしかに、ビジネスで利益をあげることは重要です。自分の会社をすばらしい経営状態にしたいでしょう。高品質な製品やサービスを提供したいでしょう。自分のブランドの革新や成長は必要でしょう。でも、世の中に影響をおよぼさないのであれば——クライアントを助け、他人にポジティブな影響を与えて——つまるところ、ビジネスとはなんなのですか？

さて、あなたに最高のものだけを望んでいる男から、やさしい質問があります。「きょう、どんなささやかな影響を与えますか？」どんな目標を追求しますか？人生で——職場で、家庭で——どんな貢献をしますか？

90 直接的な会話で人とつながる

聞いてください。北アメリカ全域で、人びとが所定の場所で「抱擁パーティ」というものをひらいているそうです。見知らぬ者同士があつまり、自己紹介をしてから、抱きあってすごす。それだけのことにすぎません——ただ、他人とのふれあいを感じ、つながっていることを確認しているのです。

うーん。

インターネットの普及した世界のパラドックスは、電子的につながればつながるほど、感情的なつながりが希薄になることです。

毎晩、人びとはブログを読み、ポッドキャストをダウンロードし、インターネットをサーフして時間をすごします。

でも、彼らは昔ながらの会話の重要性を忘れています。家族や友人と食事をするパワーを軽んじています。そして、人間味の大切さを見失っているのです。

好きなことをしてください。わたしは裁く立場にはありません。でも、わたしはすぐに抱擁パーティに行くつもりはありません。

むしろ、すでにまわりにいる人びとと人間のきずなを結ぶ努力をするほうがいいでしょう。わたしの子どもたちやほかの家族にやさしくすること、友人に親切にすること、仲間やクライアントを支援することで。そうしているだけで、わたしに必要な抱擁はすべて得られます。

ポイント・メモ

91 生きているあいだに徳を積む

ある大手電気通信会社でスピーチをしたあとで、ひとりの女性が目に涙を浮かべてわたしのところへやってきました。

「ロビン、あなたの著書をすべて読んで、あなたが書いていらっしゃるような人生を送ろうと思って最善をつくしています。でも、あなたのメッセージどおりに生きた男性がいたんです。彼は数カ月前に亡くなりました。わたしの父です」

彼女は間《ま》をおいて、床を見おろしました。

「父の葬儀には五千人の方々がいらしてくださいました。街じゅうの人びとがあつまったのです。それを見て、わたしは光栄に思いました」

「お父さまはよく知られたビジネスマンだったのですか？」と、わたしはききました。

「いいえ」と、彼女は答えました。

「人気のある政治家だったのですか？」わたしは大きな声でききました。

「いいえ」と、彼女はささやきました。

「なんらかの地元の有名人だったのですか？」

「いいえ、ロビン、まったくちがいます」

「だったら、どうして五千人もの人がお父さまの葬儀にやってきたんです？」わたしはそうきかざるをえませんでした。ふたたび長い間がありました。


「みなさんがきてくださったのは、父がいつも笑顔を浮かべていたからです。いつも真っ先に困っている人を助けるような人でした。いつも信じられないくらいきちんとみんなと接して、けっして礼を欠いたことがありません。とても静かに地球を歩いていました。美徳の人だったから、五千人もの方々が葬儀に参列してくださったんでしょう」

美徳の価値はどうなってしまったのでしょう？　一般視聴者が参加するリアリティ・テレビ番組では、人間の営みの最悪の部分がさらけだされています。音楽のスーパースターたちが、五秒ごとに法廷で宣誓しているのを見かけます。株主が老後の貯えを失っているあいだに、企業のリーダーたちがポケットに金をつめこんで、

品格ある人間

もっと大きな船を買っている記事を読みます。

わたしは『ウォール街』という映画が好きです。でも、マイケル・ダグラスが演じた企業買収家のゴードン・ゲッコーはまちがっています。強欲は美徳ではありません。美徳こそが美徳なのです。

徳があって、礼儀正しく、品がある、という考えを笑う人たちがいます。「そんなものは弱さの徴候だ」という声を聞きます。そんなことはありません。それは強さの徴候なのです。軟は硬です。なんでも自分が最初、というのは簡単です。だれかと意見が合わないとき、腹を立てるのは簡単です。文句をいったり、非難したり、いちばん抵抗の少ない道をすすんだりするのは簡単です。

ほんとうに勇気がいるのは、もっと気高いなにかに敬意を表して立ちあがり、もっとすばらしい振るまいをして、他人の役に立ってあげることです。ネルソン・マンデラのように。マハトマ・ガンジーのように。マーティン・ルーサー・キングのように。わたしのヒーローたちです。せめて、わたしにも彼らの四分の一くらいの徳があればいいのですが。

説教じみたことをいって恐縮ですが、これはわたしにとって重要なテーマなのです。先に申しあげておきますが、わたしは完璧とはほど遠い人間です。ただのメッセンジャーにすぎません。ふつうの人間です。

でも、ひとつだけいっておきます。わたしは最善をつくして徳を積もうとしているのです。夜も寝ないで、それを追求しています。だれもわたしに期待していないくらい高い基準にこだわっています。

わたしはいつも正しく理解しているのでしょうか？　いいえ。

わたしはいつもやすらかで、怒りをあらわにしないのでしょうか？　いいえ。

わたしはいつも自分のメッセージを実践しているのでしょうか？　いいえ。

毎日、心がけていますが、しくじるときもあります。

敬意をもって人に接するということは、その人に高い基準をもとめ、美徳を期待する、という意味ではありません。境界線をもうけず、必要とあらば断固たる態度でのぞむ、ということでもありません。リーダーシップを発揮するというのは、みんなから好かれることではありません。正しいこと、そして徳のあることをすることなのです。

92

いま、もっているものに感謝する

「両足のない人間に会うまで、わたしは靴をもってないことを呪っていました」

ペルシアのことわざです。この一行を読んで、背筋が寒くなりました。書いた人間はよくわかっています。もっているものに感謝するより、もっていないものに焦点をあててしまうのは、陥りやすいきわめて人間的な罠《わな》です。人生において、あなたはきっと気づいている以上の恩恵を受けているにちがいありません。

ゆうべ、十億人の子どもたちが飢えたまま眠りにつきました。きのう、大好きな家族を失った人びとが世界中にいます。あなた自身のコミュニティに、重い病気で死にかかっている人たちがいます。わたしは、顔がないままで生まれた女の子の話を読んだばかりです。ふたつの目と口があるだけです。そして、わたしたちは職場へ行く道が渋滞していないかどうかを気にかけます。

考えてみたいことばがあります。

「視点」

さまざまな国を旅すれば、世界に関するよりすばらしい視点が得られます。話したことがない人びとと話せば、人生がどうなりうるかに関して、あらたな視点が得られます。人生の恵みを祝えば、自分がいかに幸運かを再認識できるでしょう。失うまで、もっているすべてのものに感謝しないのは、人のつねです。その衝動と闘ってください。

ポイント・メモ

93 「そのために死ねるなにか」を見つける

わたしたちが暮らしている世界では、「福音伝道者」というのはネガティブな響きをもっています。でも、定義によれば、福音伝道者はいいニュースをひろめる人物にすぎません。将来に向けての大きな考えや熱烈な理想に忠実で、一日中歩きまわり、そのメッセージをウイルスのようにひろめる人物です。夢中になってなにか重要なことをするあまり、そのことばかり考えたり、夢を見たり、話したりする人物です。

マーティン・ルーサー・キング・ジュニアがいいたかったつぎのことを、細胞のレベルで理解している人間です。

「そのために死ねるなにかをまだ見つけていないなら、あなたは生きるに適してい

ません」

わたしたちが住んでいる不安で不確実な世界は、もっと福音伝道者を必要としています。偉大なことをおこない、行動によって人生に感謝し、影響をおよぼす人間を。

ほとんどの人の偉大さへの熱い思いはどこへ行ってしまったのでしょう？　子どものころ、だれもがそれをもっていたはずです。わたしたちは、スーパーヒーローに、宇宙飛行士に、詩人に、画家になりたがっていました。世界を変え、山頂をきわめ、アイスクリームをたくさん食べたがっていました。

やがて年をとるにつれ、生活が重くのしかかってきました。失望が姿をあらわしはじめました。びくびくした人びとは、夢をさげすんで笑うようになったのです。生活に追われだすと、大きく考えたり、高望みをしたり、愛しすぎたりしないほうがいいというプロパガンダを受け入れるようになりました。そのことを考えると、心が痛みます。でも、それが現実なのです。

あなたは輝くように運命づけられているのです。

わたしはそう強く信じています。心の底からあなたを動かし、熱い思いとともに

品格ある人間

夜明けにめざめさせてくれる、そういった理想、中心となる目的、重要な運命を見つけるために、あなたはここにいるのです。

人生をかけて闘うくらいあなたをとりこにするなにか、そのためなら銃弾を受けてもいいくらいすばらしくて意味のあるなにかを見つけなければなりません。それは職場で人びとを成長させ、彼らがもっとも高い可能性を生きるのを手伝うことかもしれません。クライアントにとてつもない価値を付加し、世の中にすばらしい製品を送りだす革新者《イノベーター》でありつづけることかもしれません。あなたの目標は、コミュニティを向上させ、困っている人たちを助けることに影響するかもしれません。

最近、代表している被害者グループの役に立とうと情熱を燃やすあまり、目から血が流れるまであきらめない、といっている弁護士の話を読みました。極端ですか？　かもしれません。彼は福音伝道者でしょうか？　まちがいありません。

わたしは福音伝道者です。わたしを知っている人と話せば、彼らは、わたしの説いていることは肩書きなしで指導する人たちの役に立っていて、さまざまな組織を超一流にしている、と教えてくれるでしょう。もちろん、休んでいるときもあれば、忙殺されている日々もあります――そうでない人がいたら、教えてください。でも、たいてい、わたしは熱意と大量のエネルギーと喜びに満ちあふれ、メッセージをひろめています。わたしはあなたより特別なのでしょうか？　絶対にそんなことはありません。わたしはただ自分の目標を見つけただけです。

あなたの人生で「しなければならないもっとも大切なこと」がなにかは知りません。それはあなたが見つけだすのです（熟慮、内省、自己分析を通じて。日誌のなかでそれをやるのは、賢明なアイディアです）。

でも、これだけはわかっています。

人生をささげるだけの使命を見つけたら、あなたはさきほど申しあげた熱い思いとともに日々めざめるでしょう。寝ていられなくなります。そのために、ありとあらゆる努力をするようになるでしょう。いまの生活では失われているのかもしれない、内なる充実感に気づきます。あなたはそのメッセージを、聴いてくれる全員に説くでしょう。あなたは福音伝道者になるのです。

達成感 94～101

「無感動人生」から輝く人生へ

地上におけるあなたの使命が終わったかどうかを知るテストをしてみよう。あなたがまだ生きているのであれば、それは終わっていない。

（リチャード・バック／作家）

わたしはなにも持たずにこの世の中にやってきて、残していくのは良心だけです。

（ガース・アルフレッド・テイラー／眼科医）

94

人生を豊かにする「七つの富」

アメリカン・エクスプレス、大手ソフトウエア会社インフォシス、GAP、デルといった企業のマネージャーと管理職が出席したリーダーシップ・セミナーを、丸一日かけて終えたばかりです。

部屋にいた多くの人びとがいちばん役に立ったといってくれたもののひとつは、去年、わたしが企業クライアント向けにお話しした「富の七つのかたち」でした。

わたしが思うに、富は金を稼ぐことだけではありません。金持ちを自称する前に、世界的なレベルに高めなければならない七つの要素があります。確認してみましょう。

1 内面の富

達成感

ここには、ポジティブな考え方、高い自尊心、内面のやすらぎ、強い精神的な結びつきがふくまれます。

2 身体的な富

あなたの健康は富です。仕事ですばらしい場所に到達しても、行きつくまでに病気になってしまっては元も子もありません。病棟で最高のビジネスマンになってどうするのですか？　墓地でいちばんの金持ちになってどうするのですか？

3 家庭と社会における富

家庭生活がうまくいっていれば、職場でもさらなる成果があがるでしょう。人生の最期になって、家庭を最優先したことを悔やむ人はいません。これに関連して、友人や個人的なコミュニティ（指導者、手本となる人物、信頼できる相談相手もふくまれます）と深い親交を結ぶことも不可欠です。

4 仕事における富

仕事で自分のなかの最善のものを追求してもっとも高い可能性を実現するのは、

とてつもなく重要なことです。職業において偉大さに到達すれば、仕事をよくやったという満足感が得られます。成功への一助となるでしょう。仕事で超一流になるのは、自尊心にとってとてもいいことです。

5　経済的な富

そう、金銭は大切です。人生でいちばん大切なものではありませんが、とても大切です。まちがいなく生活を楽にして、向上させてくれます。お金があれば、すばらしい家に住み、楽しい休暇をとり、愛する人たちに豊かな暮らしをさせてあげられます。

アウトドア用品のパタゴニア社の創業者、イヴォン・シュイナードがいっているように、

「稼げば稼ぐほど、寄付できる」

のです。

6　冒険における富

満ち足りるためには、わたしたち一人ひとりの生活のなかに謎がなければなりま

せん。しあわせになるには努力目標が必要です。人間の脳は斬新《ざんしん》さを強くもとめます。わたしたちは創造的な存在ですから、喜びを感じていたいのであれば、つねに創造していなければなりません。多くの冒険（知らない人たちに会うことから、行ったことのない場所を訪れることまで）は、本物の富に必要不可欠な要素です。

7 影響を与える富

人間の心がもっとも熱望しているのは、心そのものよりすばらしいなにかのために生きることかもしれません。わたしたちのだれもが意義ぶかい存在になりたいと思っています。影響を与えたい、と。自分たちが歩いたおかげで、とにかく地球はよくなったことを知りたい、と。『カモメのジョナサン』の著者、リチャード・バックがかつて書いたことを考えてみてください。

「地上におけるあなたの使命が終わったかどうかを知るテストをしてみよう。あなたがまだ生きているのであれば、それは終わっていない」

ほんとうの富を経験したいのであれば、七つの要素それぞれに心を集中することをお勧めします。金銭だけでは富んでいることを定義できません。しあわせでない大金持ちや人間として成功していない人は大勢います。この七つの領域すべてを超一流のレベルに高めることに集中すれば、まわりじゅうの人たちが明るく輝くだけでなく、長続きする満足感も得られるでしょう。

ポイント・メモ

達成感

95
「マンデラ・バランス」を物差しにする

たえずもっと欲しがるのは不健全で、不満の源泉になるから、そのときを楽しみ、いまあるものに感謝しなさい、と勧める学識者がいます。かたや、人間として、われわれは日々「快適帯」の向こうへすすみ、もっと崇高ななにかを手にとろうとするようにできている――偉大になるために――という人もいます。

どういった人生を生きるかという個人的な哲学をはっきりと表明するにあたって、わたしはその問題についてさんざん苦しみました。その答えを――わたしにぴったり合った解決法を見つけたような気がします。それはバランスだということに気づいたのです。わたしはそれを「マンデラ・バランス」と呼んでいます。

ノーベル平和賞を受賞した、わたしが高く評価しているネルソン・マンデラは、かつてこういいました。

「大きな丘にのぼったあとで、のぼるべきさらに多くの丘があることがわかります。わたしはそこで時間をとってひと休みし、あたりの絶景をひとりじめして、きた道を振りかえります。でも、休んでいられるのはほんの一瞬です。というのも、自由に責任はつきものですし、わたしの長い道のりはまだ終わっていないので、ぐずぐずしてなどいられないのです」

ネルソン・マンデラは、まさにすべてはバランスである、と暗示しているように思えます。いまいる場所の景色を楽しんでください。いかに遠い道のりをやってきたかを味わうのです。人生という旅で通る場所に感謝しましょう。その瞬間を生きるのです。でも、あなたのなかに住んでいる才能には大きな責任がともなうことも忘れないでください。

わたしは、すべての人間は〝輝く義務〟があると信じています。過去の勝利に安んじて、悦に入ってはいけません。世の中にでていって——毎日——最善をつくして他者のためにさらに役立ち、自分たちの可能性をもっと発揮して、よりよい地球市民にならなければいけないのです。とどまることなく不安に向かって歩き、自分たちの人生をもっとひろげなければなりません。つねにもっと大きなゲームを闘って、なにかをする、なにかになる、もっと多くを見る創造的な才能を駆使しなければばなりません。

自分たちのすばらしい面をもっと理解したい欲求は、わたしたちのDNAに組みこまれているにちがいありませんから、それを否定するのは自分たちの人間性を否定することになってしまいます。

そうです、より高い夢を設定し、個人的な基準をあげれば、不満を生むことになるでしょう。でも、この世の中は、いまのありように不満を感じ、もっといい世の中にできるとわかっている人びとによってきずかれたのです。

「完全に満足しきった人がいたら、それは落伍者だ」

と、トマス・エディソンはいいました。

最近では、彼のことばは不適切な表現になってしまうのはわかっています。でも、彼は真実を語っていたと思います。わたしたちのなかでもっとも偉大な人間は、いまのありように満足していません。

マハトマ・ガンジーのことを考えてみてください。マザー・テレサのことを考えてみてください。ノーベル平和賞を受賞した南アフリカ共和国の聖職者、デズモンド・ツツ大主教のことを考えてみてください。アインシュタインのことを考えてみてください。マンデラのことを考えてみてください。

達成感

だから、いまあるものを愛してください。そのうえで、欲しいものを求めるのです。山登りを楽しんでください。でも、けっして山頂から目をそらしてはいけません。

ポイント・メモ

達成感

96
人に役立つことをエネルギー源にする

先日、サイン会で、ひとりの男性が立ちあがって、こうききました。

「ロビン、なにがあなたを前進させつづけているのですか？　あなたのエネルギー源はなんですか？　だれがあなたを元気づけてくれるのですか？」

わたしの答えに、みんな笑いました。わたしは、

「みなさんです」

と、いったのです。

わたしがするほとんどのことは、みなさん、つまりわたしの本の愛読者やいっしょに仕事をさせていただくクライアントへの愛のなせる業《わざ》です。わたしのアイディアが、個人あるいは組織の成功に役立ったと聞くと、深い感動をおぼえます。

あるサイン会で会った女性は、死の床にある夫にわたしの著書を読み聞かせて、

最期の瞬間をしあわせな気分にしてあげたそうです。

やはりわたしの著書を読んだビジネスマンは、利益をあげただけでなく、人間に敬意をはらう文化に変えられたようです。

十八歳の女性は、『3週間続ければ一生が変わる』を読んで元気づけられ、自分でビジネスを始めて、いまは夢を追いかけている、と話してくれました。

信じがたいほどありがたいことです。なぜでしょう?

わたしは人生を奉仕についやしているからです。だから、ありがとうございます。

わたしはみなさんが思っている以上に感謝しています。みなさんが読みつづけてくださるなら、わたしは書いたり話したりしつづけるとお約束します。

ポイント・メモ

97
逆境のときこそ、ポジティブに反応する

マーティン・ルーサー・キング・ジュニアは、かつてスピーチでこういいました。

「最終的に人間を判断するのは、快適で都合のいい状態のときではなく、挑戦と論争をしているときです」

まさにそのとおりでしょう。人間性がもっともよくあらわれるのは、くつろいでいるときではなく、逆境にあるときです。ものごとが順調なときは、だれもがポジティブで、礼儀正しく、親切になれます。人生がいつものように意表をついてきたときにどう反応するかで、非凡な人と凡人の違いがはっきりわかります。非凡な人たちは、くずれたり屈したりしません。内面の深いところに手を伸ばし、最高の本

質以上のものを世の中に示してみせるのです。

つい数時間前、わたしはロンドンの滑走路にいて、カナダへ飛びたとうとしていました。その便は二、三時間遅れていたので、そろそろ離陸かと思うとうれしい気分でした。わたしは、iPod、読む本、日誌の準備をととのえていました。と、機内アナウンスで機長の声が流れてきたのです。

「地上整備員がタイヤのひとつに金属の器具を発見しました。たいへん申し訳ありませんが、この便は欠航になります」

そのアナウンスが引き起こした反応はとても興味ぶかいものでした。

わたしの近くにいた男性は、客室乗務員にくってかかりました。べつの列にいたカップルは、大きな声で文句をいいました。ダークスーツを着たビジネスマンは、じっさいに目の前のシートを蹴とばしました。でも、何人かの乗客はちがう反応を見せて、控えめな人間性を示したのです。

年配の紳士はにっこり笑って、ほかの人が頭上の棚からバッグをおろすのを手伝っていました。ほとんどの乗客が急いで飛行機をおりようとするなか、十代の乗客は足をとめて、障害のある女性に手を貸していました。わたしのとなりにすわっていた女性は笑い、「ねえ、この世の終わりじゃないんだから」といって、自分の子どもたちに珍しい経験について話していました。

わたしたちのなかでもっとも賢明な人たちは、たとえやっかいな状況になってもあわてない、驚くべき能力をもっています。

達成感

完璧な人生などありません。もちろん、わたしの人生はちがいます。わたしたちはみな、大小どちらの難題にも立ち向かわなければなりません。いまこの瞬間、世界のどこかに、わが子の死に取り組んでいる親がいます。いまこの瞬間、愛する人を打ちのめすであろう事故に苦しんでいるだれかがいます。いまこの瞬間、病院のベッドで病気と闘っている人たちがいます。病気、喪失、失望。そういったことを経験しないで人生を送れる人はいません。

でも、あなたもわたしも、外的な状況に左右されないことを選択する力をもっているのです。事態が立ちゆかなくなるとき、わたしたちは強く、ポジティブになることを選べます。「つまずきの石」を「踏み石」として利用し、もっとも偉大な人生を歩む権利があるのです。モチベーションを与えるスローガンを書いているわけではありません。わたしはこれは真実だと信じています。

重圧下の気品。リーダーと追随者の違いはそれです。他者を奮い立たせ、十分に開発された精神を反映するのは、そのすばらしい資質です。その特性こそが、みごとな人生を切りひらかせてくれるのです。最後に誇りにできる人生を。

飛行機でわたしのとなりの席にいた人のいうとおりです――事態はもっとひどくなっていたかもしれません。わたしは無事です。健康です。すばらしいふたりの子どもがいます。好きな仕事があって、感謝すべきことがたくさんあります。たしかに、いまはつぎの便で帰るために二、三時間待たなければなりません。ことによると、編集者からずっと頼まれているあの本を書きはじめられるかもしれません。

ポイント・メモ

98 愛する能力を発揮する

あとに続く何世代もの人びとの心に生きつづけるのは、死を免れることです。指導法や、自分をどう見せるかで影響をおよぼすのは、不朽《ふきゅう》の名声を得ることです。人間の生活に永続的なインパクトを与えるのは――職場で偉大なチャンピオンになったり、家庭で偉大な親になったり、コミュニティで偉大なリーダーになったりして――永遠に生きつづけることです。

「インパクト」ということばは、わたしの最近のお気に入りのひとつです。「レガシー」もそうです。あなたで終わってしまわないなにかを始めることで、偉大さはもたらされます。ですから、死を思い悩むのはやめましょう。もっと生を気にかけてください。

きょう、あなたが創造することを。

きょう、あなたが貢献することを。
きょう、あなたが祝福する人物を。
きょう、あなたが示す思いやりを。
きょう、あなたが改善する社会悪を。
きょう、正す不正を。

わたしはデズモンド・ツツ大主教のことばがとても好きです。

「変えられない状態はありません。希望のない人間はいません。人間と人間がもって生まれた深く愛する能力で向きを変えられない状況はありません」

メル・ギブソンが『ブレイブハート』で演じた人物のことばをわかりやすくいうと、

「われわれはみな死ぬ。だが、ほんとうに生きるのはごくかぎられた者だ」

ということになります。完璧です。

達成感

99

この世に良心の足跡を残す

わたしはこの本を通じて、〝肩書きなしで指導すること〟、きちんと取り組むこと、影響力をおよぼすことを勧めてきました。わたしが説いている哲学を実践した男性がいます。彼の名前はガース・テイラー。最近、亡くなりました。彼の栄誉をたたえたいと思います。

ガース・アルフレッド・テイラーは、一九四四年、ジャマイカ北西部のモンテゴ・ベイで生まれました。すぐれた才能をもつ眼科医、なににも増して家庭を大切にする人、そして、人道主義者でした。彼のお気に入りの名言のひとつは、

「わたしはなにも持たずにこの世の中にやってきて、残していくのは良心だけです」

というものでした。彼はそうしたのだと思います。

ドクター・テイラーが最初にわたしの注意をひいたのは、有能な眼科医であるわたしの弟、サンジェイを通じてでした。ガースはサンジェイの同僚で、わたしの本のファンでした。ですから、わたしは何冊かにサインをして、送ってあげたのです。彼はとても喜んだそうです。

ガースが強いインパクトを与えたのは、ただ医療をおこなっていたからではありません――彼は医療を生きていたのです。二十年以上にわたって、彼は世界中をまわり、開発途上国で献身的に人びとの視力を救ってあげました。彼自身のことばです。

「わたしは二十三年前に解脱《げだつ》の境地を発見しました……避けられる失明を治療することによって。人びとは視力を回復するだけでなく、自尊心もとりもどせるのです」

彼が面倒をみた――そして、勇気をもって行動した――おかげで、何千という人びとの生活が恩恵をこうむったのです。サンジェイはドクター・テイラーの葬儀に参列しました。教会には多くの人がつめかけ、通りまで人であふれかえっていたそうです。

達成感

本書も最後に近づいて、共有できる時間もなくなってきましたので、謹んで申しあげたい真実について考えてみましょう。

自分がなにを信じているのか、どんなインパクトを与えられるのかについて、よく考えてみてください。そのうえで、ガース・テイラーのことばを沈思黙考しましょう。

「最後の息がつきるまで、わたしはこれを続けるでしょう。わたしは選ばれてこれをしていると思っているからです。金や代償のためではなく、同胞の生活の質を向上させたいのです」

ポイント・メモ

100

すべてのなかに最善をもとめる

他人のせいにするか、自分の手でつかむか――毎朝、わたしたち一人ひとりは選択しなければなりません。うまくいっていないことを他人のせいにするか、一見したところネガティブな状況のなかで得られるものを自分の手でつかむか。

世界はもっとヒーローを必要としています。そして、ヒーローは最善のものをもとめて日々をついやすのです。彼らは逆境のなかに最善を見ます。他人のなかに最善を見ます。自分自身のなかの最善を手に入れようと努めます。自分たちで偉大さをつかみとろうとします。そうしながら、最高の人生を手にするのです。

非凡な人生は、選ばれた少数――やんごとない、りっぱな家柄の人びと――だけが手にできるわけではありません。あなたもわたしも偉大さに到達する運命にあります。めざましい人生を送ることになっているのです。ＤＮＡに組みこまれているのです。

でも、そうなるためには、自分の役割をはたさなければなりません。ひとつずつ選んで。一歩ずつ。

小さなことが、最終的に大きな結果を生みます。人生は心からわたしたちに勝利をおさめてほしいのです。わたしたちは自分の役割をはたせばいいだけなのです。

ですから、偉大さを自分の手でつかんでください。太陽のもとで、地面に杭《くい》を打ちこんで、目印にしましょう。

過去の囚《とら》われびとになるのはやめて、未来の建設者になるのです。

そして、いいですか、いつもなりたいと夢見ている人物になるのに、けっして遅すぎるということはありません。

達成感

ポイント・メモ

101

「死ぬ前にする101のこと」のリストを実践する

これは効果的なアイディアです。大手インターネット企業AOLの副会長、テッド・レオンシスに関する記事から手に入れました。

もう何年も前、彼が乗っていた飛行機が墜落しそうになったのです。結局、墜落はまぬかれたのですが、死に直面したことで、彼の人生観——そして生き方は変わりました。飛行機をおりるとすぐに、もっと情熱と目的意識と切迫感をもって生きようと決意したのです。そして一枚の紙をとりだして、死ぬ前にかならずやりとげる百一のことのリストを書きとめました。

彼をお手本にして、わたしもおなじことをしてみました。と、不思議なくらいの効果があったのです。

いつも驚かされるのですが、書きだした目標設定を実践するとまさに効果覿面《てきめん》です。だれでもいいですから、つねに実践している人にきいてみてください。レオンシスのリストには、家族に始まって、プロ・スポーツのフランチャイズを手に入れることまで書かれていて、その三分の二を成しとげたそうです。

明確にしてからでないと、成功はぜったいに訪れません。

そして、なにがもっとも重要かの意識を高めれば、より賢明な選択ができます。

わたしに関していえば、いまだに熱く夢を追いかけています。でも、わたしのリストに書かれた目標のいくつかは達成され、そのなかには、恵まれない子どもたちがリーダーになるのを助けるチャリティの開催、ギリシアのエーゲ海にあるサントリニという小さな島で夕陽をながめること、わが子たちにミケランジェロのダビデ像を見せてやることもふくまれています。

わたしはまだ始めたばかりです。ですから、あなたも始めてください。

（巻末の「小さな達成感を楽しむ101リスト」に書きこみましょう）

達成感

ポイント・メモ

小さな達成感を楽しむ101リスト

1
2
3
4
5
6
7
8
9
10
11
12
13
14
15
16
17
18
19
20
21
22
23
24

25

26

27

28

29

30

31

32

33

34

35

36

37

38

39

40

41

42

43

44

45

46

47

48

49

50

51
52
53
54
55
56
57
58
59
60
61
62
63
64
65
66
67
68
69
70
71
72
73
74
75
76

77

78

79

80

81

82

83

84

85

86

87

88

89

90

91

92

93

94

95

96

97

98

99

100

101

本書は、2011年に海竜社から刊行された
書籍を再編集したものです。